# 中外合作办学与国际化人才培养研究

刘言正 著

北京工业大学出版社

#### 图书在版编目（CIP）数据

中外合作办学与国际化人才培养研究 / 刘言正著. — 北京：北京工业大学出版社，2022.1
ISBN 978-7-5639-8237-0

Ⅰ．①中… Ⅱ．①刘… Ⅲ．①国际合作－联合办学－研究－中国②国际合作－人才培养－研究－中国 Ⅳ．① G522.7

中国版本图书馆 CIP 数据核字（2022）第 026889 号

## 中外合作办学与国际化人才培养研究
ZHONGWAI HEZUO BANXUE YU GUOJIHUA RENCAI PEIYANG YANJIU

| 著　　　者： | 刘言正 |
|---|---|
| 责任编辑： | 张　贤 |
| 封面设计： | 知更壹点 |
| 出版发行： | 北京工业大学出版社 |
|  | （北京市朝阳区平乐园 100 号　邮编：100124） |
|  | 010-67391722（传真）　　bgdcbs@sina.com |
| 经销单位： | 全国各地新华书店 |
| 承印单位： | 唐山市铭诚印刷有限公司 |
| 开　　　本： | 710 毫米 ×1000 毫米　1/16 |
| 印　　　张： | 11.25 |
| 字　　　数： | 225 千字 |
| 版　　　次： | 2023 年 4 月第 1 版 |
| 印　　　次： | 2023 年 4 月第 1 次印刷 |
| 标准书号： | ISBN 978-7-5639-8237-0 |
| 定　　　价： | 60.00 元 |

版权所有　　翻印必究

（如发现印装质量问题，请寄本社发行部调换 010-67391106）

# 前　言

目前，我国改革开放不断深入发展，市场开放程度不断提高，世界经济一体化的格局逐渐形成。为了更好地适应这一时代发展的趋势，我国人才的培养也开始朝着国际化的方向发展，这也促进了中外合作办学的迅速发展。通过中外合作办学培养优秀国际化人才，已成为各国教育界共同关注的焦点。基于此，本书对中外合作办学与国际化人才培养展开了系统研究。

全书共八章。第一章为绪论，主要阐述了中外合作办学的内涵与发展、中外合作办学的原则、中外合作办学的要求、中外合作办学的类型等内容；第二章为中外合作办学的历史回顾，主要阐述了中外合作办学的发展背景、中外合作办学的动因、中外合作办学的发展历程等内容；第三章为中外合作办学的现状，主要阐述了中外合作办学的发展现状、中外合作办学存在问题的原因等内容；第四章为中外合作办学的政策法规，主要阐述了中外合作办学的相关政策、中外合作办学的监管体制等内容；第五章为中外合作办学的模式，主要阐述了中外合作办学模式的划分、中外合作办学模式的特点、中外合作办学模式的优化等内容；第六章为国际化人才培养的现状，主要阐述了高校国际化人才培养存在的问题、高校国际化人才培养存在问题的原因等内容；第七章为国际化人才培养的策略与指导，主要阐述了国外高校人才培养的模式借鉴、中外合作办学模式下的职业规划与就业指导、我国高校国际化人才培养的策略等内容；第八章为我国中外合作办学的发展策略，主要阐述了中外合作办学的对策、中外合作办学的未来展望等内容。

为了确保研究内容的丰富性和多样性，笔者在写作过程中参考了大量文献，在此向涉及的专家学者表示衷心的感谢。

最后，由于笔者水平有限，本书难免存在一些不足，在此，恳请同行专家和读者朋友批评指正！

# 目 录

**第一章 绪 论** ········································································· 1
 第一节 中外合作办学的内涵与发展 ······································· 1
 第二节 中外合作办学的原则 ················································ 7
 第三节 中外合作办学的要求 ·············································· 13
 第四节 中外合作办学的类型 ·············································· 16

**第二章 中外合作办学的历史回顾** ············································ 23
 第一节 中外合作办学的发展背景 ········································ 23
 第二节 中外合作办学的动因 ·············································· 28
 第三节 中外合作办学的发展历程 ········································ 30

**第三章 中外合作办学的现状** ·················································· 36
 第一节 中外合作办学的发展现状 ········································ 36
 第二节 中外合作办学存在问题的原因 ·································· 44

**第四章 中外合作办学的政策法规** ············································ 52
 第一节 中外合作办学的相关政策 ········································ 52
 第二节 中外合作办学的监管体制 ········································ 63

**第五章 中外合作办学的模式** ·················································· 68
 第一节 中外合作办学模式的划分 ········································ 68
 第二节 中外合作办学模式的特点 ········································ 70
 第三节 中外合作办学模式的优化 ········································ 72

1

## 第六章　国际化人才培养的现状……85
### 第一节　高校国际化人才培养存在的问题……85
### 第二节　高校国际化人才培养存在问题的原因……88

## 第七章　国际化人才培养的策略与指导……91
### 第一节　国外高校人才培养的模式借鉴……91
### 第二节　中外合作办学模式下的职业规划与就业指导……96
### 第三节　我国高校国际化人才培养的策略……105

## 第八章　我国中外合作办学的发展策略……123
### 第一节　中外合作办学的对策……123
### 第二节　中外合作办学的未来展望……141

## 参考文献……148

# 第一章 绪 论

20世纪80年代以来，国家和地方出台的中外合作办学政策适应了不同时期国家社会经济发展以及教育改革与发展的需要，在教育对外开放和中外合作办学发展的不同阶段起着总揽全局的作用，引导和推动了我国教育对外开放和中外合作办学的发展。本章分为中外合作办学的内涵与发展、中外合作办学的原则、中外合作办学的要求和中外合作办学的类型四部分。

## 第一节 中外合作办学的内涵与发展

### 一、中外合作办学的内涵

#### （一）中外合作办学的概念

中外合作办学是指中国教育机构与外国教育机构依法在中国境内合作举办，以中国内地公民为主要招生对象的教育教学活动。目的是引入国外优质的教育资源，并将其与我国的教育资源充分结合起来，通过开展各种形式的教育教学活动，提高我国的教育教学水平以及我国教师的科研和管理能力。当前，我国以高等教育机构为实施主体，在国际意识、开放观念指导下，通过开展国际性的多边交流、合作与援助等途径，积极开展中外高校间的合作办学项目，使高校自身的国际学术地位得到提高并逐步参与到国际教育事务、世界高等教育改革的大潮中来。

中外合作办学是在高等教育国际化背景下出现的一种新型的办学模式，其实质是高校在社会主义市场经济条件下面向社会和市场自主开展对外合作办学，以培养适应经济和社会发展需要的人才。

关于中外合作办学概念的界定主要来自国家的相关法律文件。1995年1月中华人民共和国国家教育委员会（以下简称国家教委）颁布第一个中外合作办学文件《中外合作办学暂行规定》，其中指出，中外合作办学是由外国法人组织、个人及有关国际组织同中国境内具有法人资格的教育机构及其他社会组织进行合作，以招收中国公民为主要对象，开展并实施教育、教学的活动。然而这个概念存在一定的缺陷，没有对外国合作方的性质给出明确解释。随着中外合作办学在全国范围的推进，为了满足中外合作办学快速发展的需要，2003年国务院颁布的《中华人民共和国中外合作办学条例》（以下简称《条例》）对上述内容进行了完善，对办学双方的性质做出了明确的表述。《条例》指出，中外合作办学机构是外国教育机构同中国教育机构在中国境内合作举办以中国公民为主要招生对象的教育机构。但该《条例》中的中外合作办学概念较为笼统，并没有对中外合作办学的形式、性质和目的等进行详细说明。该《条例》于2013年和2019年做过两次修订，这两次修订对部分条款做了删改。为了对中外合作办学概念进行更详细和深入的补充，2004年，教育部令第20号文件《中华人民共和国中外合作办学条例实施办法》（以下简称《实施办法》）提出，中外合作办学应包括"机构"与"项目"两类形式，其中办学机构包括具有独立法人资格的办学机构和非独立设置的办学机构。就其性质而言，应当是以引进国外优质教育资源为目的的非营利的公益性事业。

潘懋元和邬大光两位教授在《世纪之交中国高等教育办学模式的变化与走向》中认为，高等教育办学模式是在一定历史条件下，以一定的办学思想为指导，在办学实践中逐步形成的规范化的结构形态和运行机制。它是有关办学体制、投资体制、管理体制与高校之间形成的相对稳定的权力结构。一般来说，办学体制、投资体制和管理体制共同构成高等教育办学模式的三要素，这三个要素在总体上构成相互制约的体系。从其内涵和外延上讲，既有相互重叠的部分又有各自独立的属性。高等教育办学体制是指高校与举办者之间的关系，包括由不同办学主体关系所构成的高等教育办学模式。高等教育投资体制是指筹集高等教育经费的运作方式。高等教育管理体制是指各级政府对各种形式的高等教育的管理和监督方式，本质属性是政府的宏观调控、管理和监督。在政府对高等教育的宏观管理中，办学体制的改革就是办学模式的改革，它制约着投资体制和管理体制。在一定意义上说，办学体制决定管理体制，影响投资体制；而投资体制在一定条件下又决定办学体制和管理体制。

根据国家法律文件对中外合作办学概念的定义，并依据潘懋元和邬大光对高等教育办学模式的界定，中外合作办学模式就是在一定历史条件下，以一定的办学思想为指导，根据不同的中外合作办学内容和特点，在办学实践中逐步形成的规范化的结构形态和运行机制。"根据不同的中外合作办学内容和特点"突出的是引进的教育内容的特点及重要性，不能生搬硬套。"在办学实践中逐步形成的规范化的结构形态和运行机制"是指中外合作办学模式的发展既是一种自然的发展过程，同时还是一种人为塑造和建设的过程。这首先是因为合作办学的教育内容在办学层次、投资力度以及合作周期上存在极大的不确定性；其次是由于中外合作办学模式在发展初期往往呈现无序状态，需要加大规范和管理的力度。在中外合作办学模式中，办学体制、投资体制以及管理体制依然是制约办学模式的主要因素，但是它们之间的作用方式较之宏观的高等教育系统来说有较大的差别。办学体制突出表现为不同的中外教育主体以各种不同的方式而构建的不同的办学模式。投资体制体现为中外各方为中外合作办学筹集教育经费的运作方式。管理体制表现为由政府对高校的管理转换为高校内部协调各种关系和资源的过程。因此，中外合作办学体制、投资体制以及管理体制之间既相互重叠又有较大的独立性。其中投资体制是核心，有什么样的投资体制，就有什么样的管理体制，从而形成某种特定的办学模式。也可以说，一种办学模式的性质和特点在很大程度上是由投资体制决定的。

中外合作办学的概念是在其发展过程中不断完善的，自2004年教育部在《实施办法》中对中外合作办学的概念进行界定后，中外合作办学又经过了十几年的发展。根据现在中外合作办学的发展趋势，其概念也有了一些新的变化，如今学术界较为认可的概念为：中外合作办学是中国教育机构与外国教育机构在中国境内合作联合举办，以中国公民为主要招生对象，培养具有国际竞争力的高素质人才以及提升高等教育国际化水平的教育活动。伴随着中外合作办学规模的不断扩大，中外合作办学未来有开展境外办学并面向全球招生的发展趋势。

### （二）中外合作办学的特征

1. 公益性

中外合作办学是中国教育事业的重要组成部分。对于国内高校而言，中外合作办学具有公益性的特点。高校开展中外合作办学的基本目的是引进国外优质的教育资源；而对于外方院校而言，开展中外合作办学是以追求经济效益、扩大其办学规模为目的的。我国高校要引进国外一流的教学资源以及国外高水平的教师资源都需要投入大量的经费，因此与外方院校合作办学成本较高，导致相应的学费也高于国内普通本科院校。但这并不是追求经济效益，而是为与国外高水平院校合作，从而拓宽我国高校学生与教师的国际视野，创新人才培养模式，学习先进的教育管理理念，促进我国高等教育的国际化发展。

## 2. 以中国公民为主要招生对象

中外合作办学主权归中方院校所有，为中国教育发展服务，以坚持党的领导为办学方向，以培养社会主义事业的建设者和接班人为办学基本目标。高校开展中外合作办学为中国学生提供了更多的选择机会，通过借鉴国外办学经验，促进校内教育教学改革以及学科建设，为中国学生提供更好的教育服务，使中国学生不出国门也可以接受来自世界各地的优质教育资源，掌握当前世界先进的学科理念，从而拓宽学生的国际视野，培养真正具有国际竞争力的专业型人才，培养中国社会经济发展急需的高素质人才。

## 3. 国际化

中外合作办学是高等教育国际化的主要表现形式之一，具备普通高等教育少有的国际化特点。中外合作办学的国际化具体表现为：引进国外小班教学，实施以学生为主的教学模式，实现教学模式国际化；采用外方院校教师与本校教师共同参与教学的教学形式，实现师资队伍国际化；将国外先进办学理念与我国传统办学理念相融合，实现办学理念国际化。中外合作办学不断发展，规模不断扩大，目前已呈现出"走出去"的发展趋势。我国应在借鉴国外先进办学经验的前提下，积极将我国教育推出国门，与世界接轨。中外合作办学有助于中国主动参与全球教育治理，为国际教育规则的制定贡献中国方案，为国际教育的治理提供中国智慧，让中外合作办学的成功经验与世界共享。

## 二、中外合作办学的必要性

### （一）经济全球化和高等教育国际化的客观要求

在经济全球化的推进下，人们对教育的需求越来越大。而在日趋激烈的国际竞争和高等教育国际化进程中，我国对高等教育人才培养有了更高的要求。21世纪的人才应该具有创造能力、创新精神和实践能力。在这种形势下，培养国际化的高校创新人才备受瞩目。中外合作办学作为高等教育国际化的主要形式，承担着重要的责任。

### （二）我国高等教育可持续发展的客观需要

中外合作办学是我国培养高素质国际化人才的重要方式，也是我国高等教育的重要组成部分。高等教育不仅要培养基础理论扎实的学术型人才，更要培养懂技术、动手能力强和能服务于产业发展的创新型、应用型人才。在我国，学生越来越渴望了解其他国家和民族的知识，教师在学术上要不断创新，大学本身也要提高办学水平和声誉。任何国家或地区都不可能仅依靠自身力量求得高等教育高质量发展，只有相互借鉴、加强合作，才能够融入世界潮流，跟上时代步伐。唯有如此，我国的高等教育才能够得到持续、健康和有序的发展。

### （三）高校创新人才培养模式改革和创新的需要

较欧美发达国家，我国高等教育人才培养类型比较单一。传统的专才型人才培养模式越来越难以满足当前社会经济对应用型人才的需求。鉴于此，高校创新人才培养模式成为推动我国高等教育向应用型、国际型方向发展的有效途径。中外合作办学是我国培养国际化、高层次和应用型人才的重要渠道，是我国实施"引进来"与"走出去"战略的具体体现。所以，高校创新人才培养模式的改革和创新需要中外合作办学的推动。

### （四）高等教育国际化的深刻作用

对学校而言，高等教育国际化可以促进学校自身的国际化和持续快速发展，也有利于这些学校积极为社会培养出大批的高水平国际化人才。对国家而言，高等教育国际化可以使本国的高等教育提升品质，走向世界，培养出一批具有创新精神的人才，以适应国家发展的多方面需要。而对全世界而言，高等教育国际化的最终目的是通过各国之间的交流，相互吸收彼此优秀的文化成果，实现各种文化之间的交流与融合，促进人类的共同进步和发展。

## 三、中外合作办学的发展方向

### （一）从适度开放到扩大开放

邓小平于1983年对我国教育做出要"面向现代化，面向世界，面向未来"的重要指示，这一指示也为我国教育从打开国门到走向世界奠定了坚实的基础。从此我国高等教育开始对外逐步开放，中外合作办学也在国际交流合作逐步深入的过程中应运而生。

进入21世纪，中国加入世界贸易组织，遵守加入世界贸易组织所做出的承诺。我国认可学生在境外教育机构所获得的学历、学位，在允许高等教育中外合作办学的同时，允许境外机构可获得多数拥有权，但不允许外资机构单独在我国境内开设机构。

为了遵守我国加入世贸组织的承诺，教育部组织相关人员对已有的中外合作办学条例进行梳理。在经过综合研究后，我国提出了"扩大开放、规范办学、依法管理、促进发展"十六字方针，体现了我国对中外合作办学所持有的态度和给予的鼓励，也体现了我国重点支持的领域。

### （二）从无法可依到依法办学

中国境内开展中外合作办学最早开始于20世纪80年代中期，彼时我国高等教育中外合作办学的监管制度几乎不存在，也可以称作处于一个监管真空的状态，其典型特点是个案进行个案处理、特殊事情特殊办理。但随着中外合作办学规模的不断扩大，这个典型特点不再能满足现实需求。为了规范中外合作办学的发展路径，改变审批混乱的现实问题，1992年国家出台了《关于国外机构或个人在华办学等问题的通知》。通知明确规定，高等教育中外合作办学在原则上不会被允许，如有特殊情况，需要上报国家教委进行审批。1995年国家教委在以上通知的基础上颁布了《中外合作办学暂行规定》，构建起我国中外合作办学的基本框架。

随着时代的发展，旧的关于中外合作办学的通知、文件等已经不能满足中外合作办学的发展需求。因此从2010年我国出台《国家中长期教育改革和发展规划纲要（2010—2020年）》到2014年7月出台《国家教育体制改革领导小组办公室关于进一步扩大省级政府教育统筹权的意见》等相关政策，都是为了使中外合作办学能够顺应时代潮流。如今，我国对外开放更加深化，国家机制更加成熟，"一带一路"倡议更是促进了我国与一带一路沿线国家的教育合作。2019年教育部发布的《高等学校境外办学指南（试行）（2019年版）》为中外合作办学指明了方向。

### （三）从尝试探索到全面展开

我国高等教育的国际化发展是我国对外开放整体框架的重要组成部分，也是教育理念国际化的先行设计。为满足这一设计需求，在改革开放初期，我国开展了各种各样的中外合作办学探索活动。1980年时任教育部部长的蒋南翔率领中国教育代表团利用两个月的时间分别访问了德国、法国和美国，并分别同其教育部部长探讨中国该以何种路径才能更好地同欧美国家进行教育上的交流与合作的问题。而后中国又分别与日本、加拿大、美国、德国、英国、法国等国家或地区的教育机构或高校进行多种形式的办学合作与实践。

值得注意的是，中外合作办学的交流方式虽然多种多样，但其需要依靠教育部或者国家部委出面寻求合作交流渠道，在进一步获得合作项目后，然后通过国家层面将获得的合作项目分配给下属单位或者高校。直到1986年南京大学经国务院批准成立了约翰斯·霍普金斯大学中美文化研究中心，才实现了真正意义上的中外合作办学机构的设立。经过发展，到20世纪90年代初期，我国拥有大小不同的中外合作办学机构70家，其中高等学历教育的机构有20个，高等非学历教育的机构有23个。

经过多年的发展，中外合作办学机构或项目在我国各地开花结果。截至2015年底，我国共有中外合作办学机构或项目2377个，覆盖了除青海、西藏、宁夏三省（自治区）的全部地区。截至2019年底，在全国范围内经过审批设立的机构或项目在2015年的基础上又增加了249家，涉及34个国家和地区，涵盖1746所高校，包含了各个教学层次和类型，同时涉及12个学科门类，包含200多个专业。至此，中外合作办学已成为中国高等教育的重要组成部分，其社会影响力也在不断提升。

### （四）从"引进来"到"走出去"

进入新时代后，我国高校中外合作办学应坚持"引进来"与"走出去"并重，将境外办学视为扩大中外合作办学规模的一种新探索，这也是未来中外合作办学发展的重要方向。我国高校在境外，尤其在亚洲、非洲拥有巨大的市场需求。我国以往的境外办学多集中在非学历培训、高职高专层次方面。2011年，苏州大学在老挝成立了老挝苏州大学，开创了中国高校独立设立境外机构的先例。

为进一步拓展国际教育合作的广度和加大国际教育合作的力度，让境外办学更为科学，教育部于2019年6月出台的《高等学校境外办学指南（试行）（2019年版）》提出，要在"一带一路"倡议的引领下不断寻求突破，依照"一带一路"经济带，我国境外办学机构的数量和质量必将会有新的突破，高等教育国际化也因中外合作办学而加快进程。

## 第二节　中外合作办学的原则

### 一、坚持尊重和维护我国的教育主权

涉外经济法规以尊重国家主权为基本原则，涉外办学的法规同样将尊重和维护我国的教育主权作为首要原则。现阶段我国的教育主权主要体现为国家的教育立法权、司法权和行政权。其中立法权是根本，司法权和行政权必须依靠立法权得以体现。

中外合作办学对国家利益的维护主要通过立法体现出来。《中华人民共和国中外合作办学条例》规定了中外合作办学的性质、目的、原则、内容以及各种规范，

规定了国家具有对中外合作办学的审批、管理和监督权。维护教育主权主要体现的是我国对中外合作办学的主导权。比如：在办学方式上，限定中外合作办学为合作而非合资，目的是排除外方可能会以股权的多少来决定中外合作办学机构的主导权；在组织和管理方面，规定董事会中方成员不得少于1/2，讨论重大事项时，应经2/3以上组成人员同意方可通过；中外合作办学机构的校长应当具有中华人民共和国国籍，并在中国境内定居；中外合作办学的教职工依法建立工会、教代会等组织，建立民主管理制度等。这些规定表明法律制定者坚持中方主导权，维护我国的教育主权。

条例规定，中外合作办学机构应当按照中国对同级同类教育机构的要求开设关于宪法、法律、公民道德、国情等内容的课程；可以使用外国语言文字教学，但应当以普通话和规范汉字为基本教学语言文字。综观世界各国，为维护教育主权，均运用法律就对外合作办学的基本教学语言问题做出特殊规定。但如何界定"可以使用"和"基本教学语言文字"？如果中外合作办学机构提供英语语言培训或用外语教学，甚至某类学历、学位课程完全使用英语（或其他外语）授课，如何确保该机构执行"基本教学语言"的法定要求？我国境内中外合作举办的面向中国人的学历教育或者非学历培训，在根本上不能违背我国现行法律法规对"基本教学语言"的规定。但诸如"语言培训"之类的特殊课程，可以灵活掌握"可以使用"和"基本教学语言文字"之间的尺度，原则上也不违反条例精神。

条例规定，外国宗教组织、宗教机构、宗教院校和宗教教职人员不得在中国境内从事合作办学活动；中外合作办学机构不得进行宗教教育和开展宗教活动。条例对此做出规定有其合理性。因为宗教大学的教育目的在意识形态上不符合我国教育方针，同时宗教教育不是我国急需引进的优质教育资源，而且也不符合《中华人民共和国教育法》第八条规定，即"国家实行教育与宗教相分离。任何组织和个人不得利用宗教进行妨碍教育制度的活动"。

## 二、坚持中国特色社会主义办学方向

高校中外合作办学应将党的教育方针作为办学指导思想，坚持中国特色社会主义发展道路，坚持中国特色社会主义办学方向，立足基本国情，遵循教育规律，坚持改革创新，以凝聚人心、完善人格、开发人力、培育人才、造福人民为工作目标，培养德、智、体、美、劳全面发展的社会主义建设者和接班人。引导在校学生树立与这个时代同心同向的理想信念，筑牢精神底座，坚持立德树人，坚定"四个自信"，勇于担负起时代赋予的责任与使命。抓好马克思主义理论教育，弘扬社会主义核心价值观，把中外合作办学的特色和优势有效转化为培养社会主义建设者和接班人的能力。引导学生要把自己的理想同祖国的前途和命运紧密联系在一起，扎根人民，奉献国家。

中外合作办学在引进国外优秀文化的同时要继承和发扬中华优秀传统文化，支持中国传统文化教育在中外合作办学中的发展，打造中国特色的文化品牌，鼓励学生从历史背景、国家政策和现实发展等方面多角度全面了解中国传统文化，深刻领悟中国传统文化的博大精深，增强文化自信，提高对中华优秀传统文化的认同感，让学生在充分了解中国文化的基础上学习世界文化，成为真正的具有国际竞争力的复合型人才。同时加强对学生爱国主义精神的引导和教育，培养学生深厚的家国情怀，让学生自觉担负起继承和弘扬中华民族优秀传统文化的责任与使命。

### 三、坚持为促进社会经济发展服务

改革开放以来，我国的社会经济发生了巨大变化：经济保持高速增长，社会面貌得以改变，国际地位不断提高。大力发展教育事业，积极推进经济快速发展，成为当前的重要任务。

一是促进地方高等教育水平提升。高校开展中外合作办学是为了有效促进地方高等教育水平的提升，所以首先应当考虑当地高等教育的发展情况，根据高等教育的发展现状，选择比自身层次高的院校进行合作，对合作方是否有国家的认证、是否有许可的专业授权点、办学能力和声誉的好坏以及其国际知名度都要进行综合考量。学科的设置应与当下经济发展形势紧密结合，尽量引进新兴学科如高新技术和生物科学等优质学科，从而促进地方高等教育水平的提升。

二是培育社会经济发展急需的高素质人才。中外合作办学要将人才培养目标与社会经济发展的需要相结合，适应社会经济结构调整的需求，把专业及课程设置与社会需求紧密结合起来，在引进优质专业上做到精准化。例如，新冠肺炎疫情背景下，我们急需培养大量医学专业的人才，还要避免专业的趋同设置及低水平重复建设。总之，中外合作办学肩负着培养德才兼备、全面发展、具有国际视野、通晓国际规则，兼具专业知识技能和跨文化交流能力和能够参与国际事务与国际竞争的国际化人才的使命。

### 四、坚持为提升高校教育质量服务

首先要推动高校创新管理理念。中外合作办学管理理念创新的初衷是提高本校办学质量，优化人才培养模式，培养更多具有国际竞争力的专业型人才，并促进国内高等教育的改革。正是因为有这样的初衷以及对未来的美好愿景，中外合作办学管理理念必须在实践中不断探索创新。坚持探索创新原则，不仅可以让国外优质教育在"嫁接"的过程中做到贯彻中西，帮助我国开展"中国特色、世界水平"的教育，还可以让我国在全球范围内的高等教育跨境治理中留下宝贵的"中国经验"。

其次要促进高校人才培养模式改革。高校应通过中外合作办学对国外先进的教育模式进行学习，对优秀的管理经验进行借鉴。在学习和借鉴的过程中，对我国高校传统的人才培养模式进行改进，突出培养高质量、国际化人才的主要发展目标。高校需要改变传统灌输式的课堂教育观念，应当以学生为中心，使学生不仅学习知识，还能将所学知识得以应用。高校要改变课程考核形式，让分数不再作为课程最终的考核标准，坚持形成性评价和总结性评价相结合。在最后考核时，对学生的行为、能力、兴趣等多方面进行综合评价，运用多元化的评价体系，培养出符合当下经济发展需要的国际化人才。

工程实践是中外合作办学的一种培养模式，是学生深入基层、服务基层，在实践中了解国情民意的有效途径。通过这个平台，学校可以培养学生的责任与感恩意识，使学生在实践过程中真正受教育、增知识、长才干和做贡献。在工程实践能力培养过程中，学校以工程实践能力素养为核心，建立分层次、多模块实验和实训基地，强化校企合作，拓展实践、实习空间，培养学生的系统工程能力。

高校应通过中外合作办学鼓励知名学者、教授进行授课，鼓励学生树立学术旨趣，通过实验、实践学会观察、学会发现。高校应开设多种通识类课程，拓展学生的国际化视野，培养学生形成独立的人格和正确的社会主义核心价值观，为学生步入社会打下良好的基础。为鼓励学生积极主动地探索学术新领域，高校应开设各种学科前沿课程，使学生能够主动学习、善于思考，帮助学生自主认识新事物，让学生敢于尝试、勇于探索。高校要不断优化教学资源，利用好 Moodle 网络教学平台。该教学平台是一个免费的平台，欧洲和北美许多高校都在使用。高校应鼓励教师积极探索，主动创新教育教学方法。

最后要提升高校国际化办学水平。中外合作办学是加强我国与国外高校沟通交流的有效途径，通过不断创新办学理念、管理制度，逐步提升我国的国际化人才培养的质量，从而激发高校教育改革的活力。中外合作办学通过引进优质学科以及教学模式，可推动高校的学科建设以及人才培养模式的创新，促进"双一流"学科建设发展。中外合作办学为更多国内教师提供去国外高校交流学习的机会，促进我国高校的办学水平逐步提高，将我国的教育体系全面融入世界一流学术圈。

在敞开国门吸收国外优秀文化成果的同时，使中华优秀传统文化在交流的过程中得以传播。

## 五、坚持中外合作办学的双重性原则

中外合作办学的双重属性是指中外合作办学既具有教育的根本属性——公益性，又具有教育的产业属性和市场属性。其公益性是指教育的公共产品属性，即按照国家政府的意志、人才标准要求，为国家、社会培养振兴国家、发展社会的人才。其产业属性和市场属性是指中外合作办学既要与国际教育市场开展竞争，又与国际市场化运作惯例接轨，在办学活动中追求效率、效益和效果。

《中华人民共和国中外合作办学条例》只明确规定中外合作办学是公益性事业，对其产业性和市场性的说明比较模糊。这还要归结为立法者对中外合作办学的产业特性认识不足，或者出于对产业性运作可能引发的非教育行为的担忧。在有些人看来，承认了市场性和产业性，就意味着对教育营利性的认可。另外，人们潜意识中存在这样的假设：如果教育营利，就会影响教育质量，损害教育消费者的利益。事实上，按照市场经济的逻辑，只有高投入，才可能产生高质量，才能使消费者满意并赢得更多的消费者。按照企业方式办学，目的是让市场机制在中外教育资源的配置中发挥更积极的作用。

因此，中外合作办学的立法不仅要坚持教育的公益性这一根本宗旨和终极目标，而且要在法律条文中立场鲜明地支持教育的产业、市场行为。只要不是纯粹以商业目的来办学的活动，都不应该受到过多限制。法律应该支持社会资本进入中外合作办学的教育市场，明确资本增值的合法性及合理性，因为它可以增加教育供给，给教育消费者带来的是更多的教育福利；鼓励突破旧体制的束缚，尝试和推广适合中外合作办学发展的新体制，尤其是投融资体制；提倡教育和经营相分离的理念，但是禁止以教育为营利手段的行为；鼓励股权投资，以降低投资风险。法律还应明确投资人拥有投资回报的合法地位，避免出现更多的灰色区域，从而加大执法困难；增强法律的硬性规定，减少软性或弹性因素。借鉴国际跨国高等教育的经验，我国中外合作办学法规制定者的视野应该更宽阔。以高等教育输出为主要特征的美国、英国在对待输入其境内的跨国高等教育时，采取了两分法：营利性和非营利性办学。营利性办学机构按照商业组织对待，非营利性组织按照慈善机构或相关组织规定对待。马来西亚以输入跨国高等教育著称，马来西亚政府将所有的跨国高等教育都归并到私立教育范围内，所以这些合作办学机构需要按照国家规定照章纳税。

其实，我国在制定《中华人民共和国民办教育促进法》时，进行了大量讨论并多方征求意见，最终在营利问题上有很大突破。我国强调民办教育的公益性，但同时承认民办教育营利性的存在。《中华人民共和国民办教育促进法》规定："国务院教育行政部门负责全国民办教育工作的统筹规划、综合协调和宏观管理。国务院人力资源社会保障行政部门及其他有关部门在国务院规定的职责范围内分别负责有关的民办教育工作。"尽管没有在文字上明确规定民办教育分为营利性和非营利性办学，但从其精神实质上已经证明营利性民办教育的合法性。

我们可以根据我国国情和中外合作办学的特殊性，划分出不同类型的教育运作方式。

一是社会公益性教育。主要由政府公共财政负担其运营经费，享有土地、税收等方面的优惠政策待遇。此类方式适用于我国急需引进的重点专业和学科项目，项目的组织形式以合作办学项目或依附性二级学院中的合作办学项目为主。

二是非营利性教育机构。自筹经费，也可在事先申报、财务分开和符合国际公认三原则的前提下进行营利性运作，享有比照公益事业的优惠政策和待遇以及财政补贴。该运作方式适合部分中外合作办学二级学院的办学模式及其项目。

三是营利性教育机构。育人仍然是此类运作方式的根本任务，但是，在依法纳税的前提下，该运作方式既被允许营利运作，又可以取得回报。政府只依法对其办学条件和质量进行监督，对在非暴利范围内的回报率可不做限制。该运作方式比较适合中外合作独立学院的办学方式。

采取何种运作方式的自主权掌握在中外合作办学机构和项目主体手中，他们可以根据各自不同的办学特点、性质和目的，选择适合的运作方式，享受和承担不同的权利、义务和责任。这样的法律框架在法律上比较严密，基本不留法律空白，有利于理顺政府、学校与社会的关系，优化政府与社会教育资源的配置，有利于规范教育服务市场的秩序，促进我国中外合作办学的持续健康发展。特别是我国《教育服务贸易减让表》的签订将中外合作办学行为以不同的办学类型依法定位，克服了国际法和国内法衔接之间的困难。另外，这一文件的签订更有利于理顺中外合作办学与国内税收、外汇和物价等部门政策法规的关系，让中外合作办学机构按照不同办学类型依法"对号入座"，从根本上解决中外合作办学税收法缺位以及教育税收只针对非学历教育等问题。

## 第三节 中外合作办学的要求

高校在开展中外合作办学的过程中,要满足一定的办学要求。具有较高的办学定位和发展目标,准确把握办学方向,同时要有先进的教学模式和技术,还要有高水平、国际化的师资队伍以及健全的党组织工作体系,这些都是提高中外合作办学质量的基本保障。

### 一、具有较高的办学定位和发展目标

#### (一)提升地方高等教育国际化水平

高校中外合作办学是我国高等教育改革的一次有益的尝试,对我国高等教育的影响不容忽视。中外合作办学可以将国外优质的教育资源带到国内各大高校,有利于促进地方教育的改革与发展,帮助各高校与国际接轨。尤其是地方高校,应该牢牢抓住中外合作办学这一途径,引进国外先进的办学理念、优质师资和前沿学术思想,发挥鲶鱼效应,带动当地高等教育发展,有效提升地方高等教育国际化水平。

#### (二)推动高等教育的改革和发展

一是要有高质量的综合办学效果,包括高质量的国际化人才、世界一流的科研成果和社会普遍认可的高质量服务。二是要有健全的管理体系,包括治理体系、后勤服务体系和学术评价体系。三是要有先进的办学理念。作为高水平的国际院校,需要站在时代的最前沿思考问题,总结高等教学的发展规律、发展趋势,提出先进的办学理念。四是要提高人才培养质量。要培养具有国际竞争力的高端人才,引进国外的优质资源,设计国际化的人才培养方案,这样才能促进本校高等教育的改革与发展。

#### (三)促进高校自身的学科建设发展

高校开展中外合作办学要根据自身学科建设发展的需要,充分、合理、有效地引进国外优质教育资源,将优质教育资源通过自身吸收、转化、融合,最终达到提高本校教学科研水平、培育出具有国际化视野的高层次人才的实际效果。因

此中外合作办学要依据自身需要，对国外优质教育资源进行甄别选择、重点引进，根据自身的弱点，尽可能选择国外名校或优质学科合作办学，加快学校自身的学科建设，促进高等教育学科水平的提高。

## 二、具有先进的教育教学模式和技术

### （一）先进的教育管理理念

高校不仅要立足于本土还要着眼于国际，能站在时代前沿思考高等教育发展的新趋势、新规律，能在高水平的中外合作办学实践中成为引领高等教育发展方向的先驱者。例如，英国高校强调的以"学习收获"为基础的教学体系，将学生的"学习收获"作为课程内容的核心，强化学生的参与意识，从而不断提升教学效果。高校开展中外合作办学要汲取各国教育管理理念中的精华，与我国传统的教育管理理念加以融合，创造具有中国特色且符合教育全球化特点的先进教育管理理念。

### （二）先进的教学管理模式

国内高校通过与国外高校开展中外合作办学，汲取西方教学管理模式中的精华并与实践相结合，形成具有国际化特色的先进教学管理模式，其中包括构建针对中外教师不同特点的教师培训体系，创设人性化、高效率的师生管理机制等。先进的教学管理模式可以有效保证中外合作办学的教学质量，实现卓越的办学目标，促进中国高等教育国际化发展。

### （三）现代化教育教学手段和技术

中外合作办学应具有现代化教育教学手段和技术，通过网络信息技术使中外合作教学实现线上线下一体、课上课下无缝衔接，使高校的管理和教学实现高度数字化、智能化，在大大满足学生的个性化需求的同时也为学生的学习提供有力的支持。通过采用人工智能、人机互动、5G 网络等方式，使教学环境和生活环境都得以改变。利用现代化教育教学的手段和技术，能够打破地区和学校之间的资源壁垒，通过网络互动的方式使国外优质的教育资源可以不受时空的限制，从而在学生之间轻松实现资源的流转，让学生可以随时学、随地学。引进优质教育资源是中外合作办学的核心，是中外合作办学事业成功的决定性因素。所谓优质教育资源，是在国际上有特色或已有办学成功经验的学科和专业，是具有先进水平和领先优势的课程、教材、教学理念、教学方法、教学形式、教学管理制度、考评方法、师资队伍和人才培养模式等。

## 三、具有高水平、国际化的师资队伍

### （一）教师队伍国际化水平高

一支具有国际化水平的师资队伍应当由国外专职教授、双聘教师和国内专业教师共同组成。学校应按中外合作办学外方高校的师资标准进行全球招聘和管理专职教师。双聘教师与课程教师主要来自外方合作院校和中国高校。其中，外方教师人数至少要达到中外合作办学"四个三分之一"的标准，教师人数根据学生和科研发展的需要而定，生师比不高于 10∶1，形成高度国际化与本土化相结合的高素质教师队伍，为实现卓越教育、卓越科研与卓越服务奠定基础。

### （二）外方教师跨文化教育能力强

外方教师是传递优质资源的主要桥梁。由于中外文化存在较大差异，所以中外合作办学中的外方教师不但要有较高的学术能力，而且要具备较强的跨文化教育能力，要对中国的文化以及中国学生的情况有充分的了解，能够保证与中方教师和学生进行顺畅的沟通，将国外先进的学术思想与课程内容通过中国学生易于理解和接受的方式呈现在中外合作办学的课堂上。外方教师在教学过程中起到积极的引领作用，与中方教师共同商讨研究中外合作办学人才培养方案与专业课程内容设置，带领中方教师开展学术研究，全方位提升中外合作办学师资队伍的国际化水平。

### （三）教师教学能力和学术水平高

中外合作办学中的中方和外方教师都要具有较高的学术水平以及较强的教学能力，这要求中外教师能够紧跟教学理论和实践发展的步伐，在所研究的专业上具有一定的学术造诣，在所涉及的专业上有一定的学术影响力。外方教师也应是其所在国外高校相关专业的骨干教师，拥有较高的学术水平，并具备丰富的教学经验，能够与中方教师在学术上进行深入的沟通和交流，共同开发适合中外合作办学的针对性课程，创新中外合作办学特色人才培养方案，保障中外合作办学的教育教学质量。

## 四、具有健全的党组织工作体系

### （一）党建工作体制和机制完善

中外合作办学是新时代坚持社会主义办学方向的重要发展方式，应具有专门针对中外合作办学特点组建的党建工作体制，具有国际视野的党务工作者以及专业的涉外党务管理人员。党务工作人员能够充分考虑到中外合作办学教职员工和学生的特殊性，在中西文化交融的过程中制定专门的党建制度，将国内外党建工作进行有效衔接，对长期在海外学习生活的党员给予足够的关注，针对国外的实际情况开展有效的党组织活动；并且有创新的思想政治教育机制，与普通高校思政课区别开，针对办学过程中各个领域出现的思想文化冲突进行文化多样性融合教育，增强学生的文化自信，使其认清自己的历史使命，肩负起应有的责任，传承中华传统文化。

## （二）党组织有效发挥政治引领作用

中外合作办学党组织可以有效发挥政治引领作用，增强"四个意识"、坚定"四个自信"，坚定不移维护党中央权威和集中统一领导，自觉在政治立场、政治方向、政治原则、政治道路上同党中央保持高度一致；培育学生践行社会主义核心价值观，引导学生将社会主义核心价值观内化为坚定的信念并且外化为实践行为。考虑到中外合作办学的特殊性，党建工作应更加注重结合中外合作办学的教育特点和学生的思想特点，既要有窗户，又要有纱窗，引导学生学习党和国家的历史文化，有针对性地开展思想政治理论课和形势与政策课，鼓励学生通过实际行动在海外学习生活中自觉抵制宗教极端主义思想，讲好"中国故事"，弘扬和传播中华民族优秀传统文化，让爱国主义精神在学生心中牢牢扎根，教育引导学生热爱和拥护中国共产党，立志听党话、跟党走，立志扎根人民，共同维护祖国统一。

# 第四节　中外合作办学的类型

## 一、按设置方式划分的中外合作办学类型

### （一）独立设置的中外合作办学类型

独立设置的中外合作办学机构是中国教育机构和外国教育机构在中国合作建立的独立于母体的教育机构，具有法人资格，独立承担民事责任，合作双方共同承担办学经费，独立进行财务核算，设置完整的组织结构，建立独立的组织制度。独立设置的中外合作办学机构数量最少，因为教育主管部门在审批时要做实地考察，特别考察机构的办学场地和设施，控制得比较严格。

典型代表是中欧国际工商学院（以下简称"中欧"）。中欧于1994年由中国政府和欧盟共同创办，性质为非营利的独立设置的中外合作办学教育机构。

1994年9月和10月，欧盟委员会副主席里昂·布里坦爵士和中国对外贸易经济合作部部长吴仪分别代表欧盟和中国政府签署了《中欧国际工商学院财务协议》。1994年11月8日，中、欧双方政府分别指定的项目执行单位上海交通大学和欧洲管理发展基金会签署了《中欧国际工商学院办学合同》。同日，中欧国际工商学院成立典礼暨新校园奠基仪式在浦东金桥隆重举行，中国第一所中外合作、专门从事国际化管理教育的研究生院正式诞生。

《中欧国际工商学院财务协议》对中欧的法律地位做了明确规定："中欧国际工商学院是一个具有有限责任的非营利性教育机构，享有充分的法人资格，具有在学术、财务、人事、外事等方面的决策自主权，能够执行所有财务、行政和契约活动。"因此，《中欧国际工商学院财务协议》在法律上赋予了中欧以国内任何一所商学院所没有的独立法人地位和高度办学自主权，使中欧成为中国管理教育的一个特区。

《中欧国际工商学院办学合同》在体制上对中欧的运作制定了严格的规范。中欧参照国际一流商学院的惯例，实行董事会领导下的管理委员会负责制，由中、欧双方各聘请五名董事组成董事会，再由董事会任命中、欧双方正副院长各一名组成管理委员会负责日常管理。学院还聘请了来自10所国际知名商学院和学术研究机构的教授组成学术委员会，通过在课程设置、教授选聘等方面提供咨询服务来确保学院的学术水准。此外，为确保学院和企业界保持密切联系，学院设立了公司顾问委员会，聘请赞助企业的代表为委员，与企业界建立有效的信息沟通渠道。

相对于依附于一级大学的中外合作办学项目以及二级学院，独立设置的中外合作办学机构，应该具有独立的法人资格。根据《中华人民共和国中外合作办学条例》，我国不允许国外高等教育机构单独在我国境内开设教育机构，所以，所谓"独立设置"只是相对意义上的独立，是相对于与申报合作办学的中方大学的分离关系而言的。尽管对"独立设置的中外合作办学机构"没有正式的定义，但根据《中华人民共和国中外合作办学条例》精神以及教育部《关于规范并加强普通高校以新的机制和模式试办独立学院管理的若干意见》的相关内容，独立设置的中外合作办学机构应该在机制和办学模式上具有以下特点：办学经费由中外各方共同承担，或以民办机制筹措解决；实行全新的办学模式，即独立学院应具有独立的校园和基本的办学设施，实施相对独立的教学组织和管理；独立招生，独立颁发学历证书，独立进行财务核算，具有独立的法人资格，能独立承担民事责任。以上各种"独立"集中体现了中外合作办学独立设置机构的基本特点，本质上与中方合作大学没有太大的关系。

就目前国内高校独立学院的办学规模和机制看，大部分都是在国有民办办学体制的基础上发展起来的。中外合作办学的独立学院为数不多，但办学机制和模式与独立设置的国有民办二级学院基本相同，大多采用我国政府或高校与国外有关教育组织或高等教育机构进行合作的模式，双方在自愿、平等和互利的基础上签订和履行合作办学协议。这类独立学院一般都有独立的校园、独立的行政管理和教学组织管理机构与独立的财务。由于双方共同投资举办，所以双方均享有对该机构的产权，实行共同投资、共同管理、共同分配。

### （二）非独立设置的中外合作办学类型

与独立设置的中外合作办学机构相比，非独立设置的中外合作办学机构虽然也设置完整的组织结构，有独立的管理制度和教师队伍，但因为不具有法人资格而决定了其非独立的性质。

根据《中华人民共和国中外合作办学条例》第十一条规定："中外合作办学机构应当具备《中华人民共和国教育法》《中华人民共和国职业教育法》《中华人民共和国高等教育法》等法律和有关行政法规规定的基本条件，并具有法人资格。但是，外国教育机构同中国实施学历教育的高等学校设立的实施高等教育的中外合作办学机构，可以不具有法人资格。"

因此，非独立设置的中外合作办学机构主要是指高校中因中外合作办学而成立的二级学院，它们一方面是大学下属众多学院中的一员，要遵照大学的规章办学，另一方面又由于中外合作办学的性质而保留了一些办学的自主性和灵活性。一般非独立设置的机构财务独立，但招生计划、发展规划等均需要得到大学的认可。

典型代表案例是上海大学悉尼工商学院，1994年7月由上海大学和澳大利亚的悉尼科技大学合作成立，性质为上海大学的二级学院，实行董事会领导下的院长负责制，财务独立，拥有独立的师资队伍和管理队伍。通过十几年的办学，在办学规模、办学质量上都有了长足的发展，目前开办的教育项目覆盖研究生、本科和专科层次，为社会培养了很多国际化人才。

悉尼工商学院依托上海大学和澳大利亚的悉尼科技大学的综合优势，以积极引进国外优质的教育资源为己任，实施同时颁发国内外学位证书的高等教育。办学严谨规范，遵循探索前进、稳步发展的办学方针，逐步确立了以本科教育为主体，以研究生教育和国际留学生教育为两翼的办学格局。

无独立法人资格的中外合作办学二级学院（以下简称"二级学院"）主要在中方合作院校内进行办学活动。中方合作院校作为法人代表管理二级学院，并为其提供办学场所和设施。

我国的中外合办二级学院，其办学地点主要集中于东部地区，与中外合作办学的独立学院、中外合作办学项目两种形式的合作办学相比，二级学院既独立又具有一定的依附性。独立表现在拥有一定的办学自主权上，可独立招生、可独立进行教学安排、师资和学费独立、财政独立、经费使用自主权相对较高；一定的依附性是指二级学院是中方院校的组成部分之一，办学活动要受中方院校的管理，且招生计划从属于母体学校。

### （三）中外合作办学项目

中外合作办学项目是指中方与外方在课程、专业和学科等方面展开合作。它是我国开展中外合作办学的主要形式之一，与机构和二级学院相比，其数量最多、覆盖范围最广。合作项目一般设置在中方合作院校内，招生工作主要是中方负责，人才培养和教学安排由双方协商管理。合作项目可共享主体高校的各种资源，但必须接受主体高校的管理。

2004年7月1日开始施行的《中华人民共和国中外合作办学条例实施办法》对中外合作办学项目做了定义："是指中国教育机构与外国教育机构以不设立教育机构的方式，在学科、专业、课程等方面，合作开展的以中国公民为主要招生对象的教育教学活动。"这样的项目往往和高校中原有的教育项目并存，更多地集中在课程和师资的引进方面。

《中华人民共和国中外合作办学条例实施办法》中还明确了"中外合作办学项目的办学层次和类别，应当与中国教育机构和外国教育机构的办学层次和类别相符合，并一般应当在中国教育机构中已有或者相近专业、课程举办""中外合作办学项目是中国教育机构教育教学活动的组成部分，应当接受中国教育机构的管理。实施中国学历教育的中外合作办学项目，中国教育机构应当对外国教育机构提供的课程和教育质量进行评估""举办中外合作办学项目的中国教育机构应当依法对中外合作办学项目的财务进行管理，并在学校财务账户内设立中外合作办学项目专项，统一办理收支业务"等内容。

中外合作办学项目以合作项目的形式存在，因为最容易开设和运行，目前数量最多，一般没有完全独立的教师队伍，但可能有少量的管理人员，其财务也不独立。中外合作办学项目的特点如下。

1. 依附性

中外合作办学项目设立在中方高校组织的某一机构内，如在某二级学院或与项目内容有关的院、系、部之内，没有独立法人资格，不能以自己名义独立承担法律责任。因此，合作项目具有依附性。

2. 多样性

中外合作办学项目的多样性表现在投入方式以及办学内容和层次两方面。首先，中外合作办学一般以非资金形式投入（个别项目也有资金和非资金两种投入方式）为主。中方通常只提供土地的使用权、场地、设备和师资等现有教育资源。外方负责与项目有关的课程设置、教学计划、教学软件、教材、师资和相关毕业或结业证书等以知识产权为主的投入形式。中外合作办学项目属非营利性教育活动，办学盈余一般用于项目的拓展或归一级大学所有，不得由从事合作办学项目的有关部门或个人进行分配和处置。合作办学项目的收费通常根据办学成本和市场供求状况，实行协议收费（各地执行情况差异性很大），报物价管理部门备案。财务管理归属一级学院，但设立专门账户，统一办理收支业务。其次，中外合作办学的办学内容和层次多样化。合作办学项目的内容一般比较贴近我国市场经济的发展对某些人才培养的需求，具有专业和内容的补偿性、市场性等显著特征；中外合作办学所开设的项目一般是我国高校专业所缺乏或急需改革的项目，受到不同教育需求者的欢迎。办学层次上既有学历教育也有非学历教育。学历教育中有些还具有学位教育资格；非学历教育中，包括某一专业、课程或者一般培训项目等形式。

3. 灵活性和阶段性

首先，中外合作办学项目具有明显的灵活性特点。根据中外双方的协议、合同，中外合作办学机构可以在学制、学费、教学计划、招生和师资等方面均采取较灵活的方式，教学相对独立，具有明确的人才培养目标和完整的教学计划，系统讲授一个或多个专业的相关课程。办学领域一般只涉及高等教育和职业教育。其次，一个合作项目按照协议规定的时段结束后，可以就此终结该项目，也可续签协议，对项目进行续接、拓展或更新。因此，具有较强的阶段性特点。

4. 层次性

中外合作办学项目的层次性集中表现在教育层次和管理层级上。首先，中外合作办学可以覆盖学历教育、非学历教育、学位教育、高等教育和非高等教育等教育层次。其次，在管理层级上，中外合作办学项目分为宏观管理和微观管理两个层面。中外合作办学项目的宏观管理，主要通过合作项目的审批管理来体现。申请实施本科以上高等学历教育或者外国学士学位以上或相当层次正规教育的中外合作办学项目,由我国高校所属的国务院主管部门或省、自治区、直辖市人民政府提出意见后,报国务院教育行政部门审批。申请实施高等专科教育以及学士学位以下或相当层次正规教育的中外合作办学项目,经我国高校和职业学校所属的国务院主管部门或省、自治区、直辖市人民政府提出意见后,由所在地的省、自治区、直辖市人民政府审批。中外合作办学项目的微观管理,由中外双方共同组成的合作办学联合管理委员会负责。也有些合作办学项目将这种管理组织称为"董事会"或"理事会"(不符合法规条例的规定)。联合管理委员会一般由5人以上组成,中外双方皆可在合作项目中担任委员会主任一职,具体负责合作项目的日常行政和教学管理。委员会的职责权限由中外双方合作者在协议、合同中加以确定,但在行政管理方面,服从中方高校及其相关部门的领导,没有独立的人事权、财务管理权和教育权。

## 二、按合作方式划分的中外合作办学类型

按中方与外方的合作方式,中外合作办学主要有以下几种跨境教育的方式。

### (一)协议项目类型

一些专科层次的办学项目多采用这种方式,即学生在中国境内学校学习3年,从国外大学引进部分课程及师资,由中外教师共同授课。学生获得专科证书后,可根据合作双方学校所签订的协议,将学分转入国外学校,然后再继续完成后面的学业。一些高校在合作办学的初期,大多采用这种方式。学生可以根据自己的情况决定出国与否,合作办学的双方大学不对出国问题做出任何承诺。如果出国,可以获得国外高校的学分认可,顺利注册,继续学习;如果不出国,凭借已经获得的证书和所受的教育,可以在本地就业或寻求其他的发展机会。根据协议项目开展的中外合作办学中,既有人的流动,如外籍访问教师和中国学生出国;又有教育项目的流动,如将一个完整的教育项目或其中的一部分移植到国内的高校。

### (二)双校园类型

双校园模式最早见于马来西亚与英国、澳大利亚等国家学校之间开展的合作项目。最近几年,随着教育市场的进一步开放,中国不少高校也开始开设2+2或3+1等本科办学项目,即学生在国内大学学习2~3年,然后到国外高校学习1~2年的时间,可以获得国外高校的相关证书。做得比较好的办学项目,可以做到将两校的课程进行融合和互通,使学生在国内学习阶段有不少课程是从国外引进的,包括引进国外的师资、采用国外的教学模式,让学生出国可以很快适应。但有些

高校的国内学习阶段几乎不引进国外合作方的课程，两个学习阶段截然分开。这种办学模式在招生宣传时常以出国留学吸引学生，往往暗含着对出国问题的许诺，容易引来签证等问题的投诉。学生出国一般需要交纳国外大学学费，有些项目甚至有留学中介的嫌疑。《中华人民共和国中外合作办学条例实施办法》第三十四条首次认可双校园模式，学生的强制性流动以及为此支付的高额费用成为此类项目的显著特征。

### （三）颁发双证书类型

专科、本科和研究生等各个教育层次都有双证书项目，即中外合作教育机构共同设计教育项目，让彼此的课程体系融合在一起，使教学计划满足双方的授证要求。学生不出国门便可接受合作双方大学共同参与教学、管理等环节的教育，完成学业后可以获得合作双方的证书。合作双方需要共同参与教学，并对教育质量进行严格监控，教师流动比较频繁，是真正意义上的"不出国门的留学"。这种情况适合于我国的学历教育。

### （四）只颁发外方证书类型

中外教育机构虽名为合作，但是教育项目来自外方，由外方在学生完成学业后颁证。中方可能提供一些教育服务或教学内容，但不颁发证书，此模式在国内被称为非学历教育或外方学历教育。

# 第二章 中外合作办学的历史回顾

中外合作办学是在高等教育国际化的大背景下发展起来的，是我国教育的重要组成部分。中外合作办学随着时代的发展留下了历史的印迹。通过对中外合作办学历史的考察，我们对中外合作办学发展轨迹的理解更加明晰、认识更加辩证。本章分为中外合作办学的发展背景、中外合作办学的动因、中外合作办学的发展历程三部分。

## 第一节 中外合作办学的发展背景

### 一、改革开放的时代要求

1978年底，中共十一届三中全会召开。这次会议做出了以经济建设为中心、实行改革开放的伟大决策。伴随着现代化建设的大规模开展、改革开放的持续发展，我国急需大量高素质、通晓国际经济运行规则、具有国际化理念的人才。在国内高等教育人才供给无法满足现代化建设需要的时候，与国外高等教育合作，发展中外合作办学便应时而生。

### 二、经济全球化的推动

进入21世纪以来，由于政治、经济和高新技术的发展，经济全球化浪潮席卷全球。以全球信息化为条件、以全球市场化为目标的经济全球化给人类带来了巨大变化，使世界各国在市场和生活上的相互依存日益加深。它推动了人力、资金、商品、服务、知识、技术和信息等实现跨国界的流动，促进了各种生产要素和资源的优化配置，推动了世界市场规模的扩大和生产力的大幅提高，促进了经济的发展，进而推动了人们生活的改善和教育程度的提高，由此为世界高等教育的发展奠定了物质基础。

经济全球化加强了各国之间在教育资源方面的交流，使各国教育向国际市场开放，从而各国可以利用全球的教育市场来发展壮大本土的高等教育。但由于各国高等教育的发展状况差异很大，有些国家对高等教育的需求大于高等教育的供给水平，跨国攻读学位、跨国办教育的现象因此不断增多，最终促成了全球跨国高等教育的大发展，这成为高等教育中外合作办学产生的重要背景与发展动力。

### 三、高等教育国际化进程的加快

20世纪90年代以来，随着全球经济、社会、文化、教育和科技的发展，高等教育的国际化进程明显加快。国际高等教育合作从目的到手段，从形式到内容，从领域到规模，都发生了极大的变化。加强国际高等教育的交流合作，积极向各国开放国内教育，并充分利用国际教育资源已经成为很多国家的自觉行为；在教育内容、教育方法上适应国际交往和发展的需要，培养有国际意识、国际交往能力、国际竞争能力的人才已经成为国际共识；国际高等教育的互动不再单纯局限于人员和知识的流动，高等教育课程的跨国流动与办学机构的跨国流动迅速兴起，真正意义上的跨国高等教育开始出现，并成为高等教育国际化一个新的表现形式和重要组成部分。高等教育中外合作办学正是在我国高等教育国际化进程的推动下迅速发展起来的，并成为我国高等教育国际化的重要发展形势和推动力。

### 四、跨国高等教育的发展

#### （一）跨国高等教育的概念

对跨国教育的理解，在国际教育界目前尚未达成一致，因此，与之相对应的概念较多，如"跨境教育""无边界教育"和"跨国教育"等。以上称谓虽侧重点不同，如有的强调跨越边界（无边界教育、跨境教育），有的突出国家个体（跨国教育），但都体现了"跨越（或潜在的跨越）高等教育传统边界的发展过程"这一本质。这就意味着在全球教育市场内部，国家与国家之间的教育界限在淡化，教育服务的范围不再囿于一个国家或地区，而是表现为国际化、多元化的服务。联合国教科文组织和欧洲委员会在2001年公布的《跨国教育实践指南》中对跨国教育所做的界定为"学习者在举办院校所在国以外的国家接受的由该院校提供的各种高等教育学习项目、课程或教育服务（包括远程教育）。这类项目可以属于办学所在国的教育系统，也可以独立于任何一国的教育系统之外"。因而，跨国高等教育对学生来讲就不再是传统的留学教育，而可能是一种"不出国门的留学"；对办学者而言，办学体制可以归属于国家，也可以独立存在；办学形式不仅包括学历、学位教育，也可包括多种形式的教育服务。

20世纪80年代以后，世界各国的跨国高等教育纷纷迅速发展起来。其中，既有以输出高等教育服务、到其他国家或地区办学为主的国家，主要是一些高等教育资源丰富、国际化水平较高的西方经济发达国家，如美国、澳大利亚、英国和新西兰等；也有以引进境外高等教育资源为主的国家和地区，以近年来经济发展迅速，但高等教育发展相对滞后的国家和地区为主体，最具代表性的国家和地区主要分布在亚洲，其中以东南亚的马来西亚、新加坡等国家和地区最具代表性。世界各国跨国高等教育的发展为高等教育中外合作办学引进优质教育资源提供了发展前提和契机，成为高等教育中外合作办学最直接的推动力和影响因素。

### （二）跨国高等教育的特点

1. 时代性

跨国高等教育的产生离不开经济全球化的催生和推动。在经济全球化的背景下，世界经济的发展有赖于从事生产的人们的知识水平的普遍提高，同时人们为了能够胜任工作提高生产力，而对知识产生了前所未有的渴求。对知识和技能的追求，使人们对教育的需求迅猛增长。大力发展高等教育，满足广大人民的需求成了世界各国的重大使命和重大战略。

尤其是发展中国家在以下方面不能满足国内学生的需求时，对跨国高等教育的需要会更大。这些方面包括：有些教育项目是国民教育体系提供不了的；有些国家的高等教育仍处于精英教育阶段，并有大量的合格学生无法走入大学校门；有些国家的国民教育体系无法提供与劳务市场紧密相连的课程；有些国家在某些程度上对妇女的教育有局限性；有些国家国内高等教育学费太昂贵；等等。这样，一些发达国家认识到高等教育的市场性和产业性，认识到国际分工的差异性，便与其他国家共同培养不同层次、不同领域和不同年龄段的人才，使他们能够满足不断发展的知识时代的需求。跨国高等教育就是在这样的时代背景下和教育需求中诞生并发展起来的。

2. 多样性

跨国高等教育一经发展就表现出多种形式。归纳起来有以下几种：

①特许（授权办学）：一个国家的高等教育机构授权本国或异国的高等教育机构或组织，为其提供教育服务（部分或全部被认可的学习项目或资格）。这种特许学校通常由代理人，即第三方来从事招生，组织缴纳学费，为学生及教育机构提供国外教育机构的信息。

②项目合作（姊妹项目）：是校际的合作计划。两个或两个以上的大学同意

在学分以及学分转移方面展开共同项目合作，由此，学生从学校得到的学分在另一学校可以获得认可，以便为其继续深造提供方便。

③分校：一个国家的高校在另一国家建立分校，以提供自己的教育项目和资质。

④海外学校：一所高校从组织和内容上属于某一国家教育体系，但并不一定在其所在国有校园，而是在另一国家建立大学。

⑤其他：学校和教育项目都不属于一个国家的高等教育体系，但组建自己的高校或项目、提供资质的大型合作活动；国际机构提供国际教育资质；远程教育。

尽管跨国高等教育的实施可以划分为多种形式，但它们都有一个相同的地方，那就是跨越国家高等教育体系，正是基于这种特点，而命名为"跨国高等教育"。

### （三）跨国高等教育的驱动力

尽管国际化的高等教育总是以学生和学术项目流动的形式出现，但它其实也是二战后推进政治、文化以及其他方面发展的重要手段。政府将国际化作为推进和平、加深双边理解的方法之一，为此在不同的国家采用了不同的驱动力，包括激励科学研究、帮助进行国家能力建设等。这些驱动力及其相应的政策直到今天还存在，当然也会根据发展趋势被补充或被代替。最先开始的是教学和科研方面的国际合作、相互理解，后来经济和业务增长也成为重要的因素。可以从四个方面来理解跨国高等教育的驱动力：相互理解、技术移民、经济效益以及能力建设。

1. 跨国教育增进相互理解

通过开展跨国教育增进相互理解是高等教育国际化政策最基本的原理。通过这种途径，国家向世界寻求开放，并通过创建政治和商业的国际网络来加强国家间的联系。设立国际援助项目来促进学生流动和学术合作，主要是为了加强发达国家和发展中国家的联系。欧盟的实例告诉我们，要在文化和政治等方面达到教育的国际化还有很长的路要走。

冷战使得美国的国际化政策非常注意地域的因素，包括对外支持和技术援助，目的是阻止苏联对发展中国家的影响。美国通过高等教育机构与外国教育机构发展合作关系来提供援助。而在加拿大，教育发展项目被认为是实现国际化的基础。澳大利亚和新西兰的发展模式非常类似。直到20世纪80年代后期，高等教育的国际化才被作为发展政策之一，为倡导和平和增近相互理解而加以鼓励，随后又出现了增加收入的目的。在日本、韩国以及其他一些亚洲国家，政府支持高校学生到国外留学，主要去说英语的国家。近年来日本特别强调高等教育国际化背后的相互理解，为了与送出国的日本学生取得平衡，日本大力资助外国学生来日本留学，每7名留学人员中就有1人得到了日本政府或民间机构的资助。

2.跨国教育推进技术移民

过去十几年，跨国教育的原因多少发生了一些变化，经济因素和国际竞争正在扮演越来越重要的角色。从技术移民的角度看，跨国高等教育被看作支撑经济增长和知识经济竞争的手段之一。跨国教育使得掌握高级专业知识的学生有机会移民到发达国家，即跨国高等教育中国际学生的接受国。这同时还刺激了各国高等教育体系本身的竞争，而这两点对知识经济社会的经济增长都是非常重要的。

技术移民的特点之一是允许留学生在完成学业后有机会在留学国家获得继续工作和生活的机会，特别是一些已经进入老龄化社会的国家或某类专业人才缺乏的国家，都会通过移民政策来吸引更多的人才，进而扩大高等教育中国际学生的比例。

例如，英国和荷兰大量招收科学和技术领域的国际学生，因为本国学生就读该领域的人数相对比较少。美国是世界上最大的留学生接受国，吸引了全世界无数优秀的学生前去学习，其中一部分精英人才学成后留在美国工作，对美国发展科技和集聚人力资源做出了巨大的贡献。加拿大跨国高等教育在被作为高校和国家能力建设的手段的同时，近年来逐渐转为促进技术移民。澳大利亚的跨国高等教育也带有促进技术移民、改善社会知识结构的作用。每个国家的移民政策虽然各不相同，但一般都是鼓励国家发展急需但本国资源不足的人才转移到该国定居。例如，加拿大的移民政策鼓励IT技术人员、工程技术人员等移民，而澳大利亚的移民政策则明显向工程技术人员、财会专业人员和医护人员等倾斜。

3.跨国教育带来经济效益

增加收入已经成为一些国家，特别是澳大利亚、新西兰、英国等国的重要战略，当然也伴随着相互理解和技术移民等导向，在这些国家高等教育国际化是一个多元的政策。

在澳大利亚和新西兰，高等教育国际化政策导向已经发生转移，政府将教育作为一个出口产业，不仅增加了收入，还促进了贸易平衡。

澳大利亚基于三个因素建立完整的国际化政策：为大学带来新的办学资金、为澳大利亚大学建立国际市场和配合移民政策。澳大利亚高校对国际学生的收费和本地学生是不同的，一般为本土学生的2～3倍。国际学生的学费成为大学办学资金的重要来源，大学在招收国际学生时表现出很强的自主性和自愿性。

英国是为数不多的将跨国高等教育作为出口业务的欧洲国家之一。自20世纪80年代开始，英国实行对非欧盟学生收取全额学费的政策，增加教育出口的收入，也补充了大学的办学资金。近几年来，英国政府强调要提高非欧盟学生的比例，并帮助大学扩展其高等教育市场。

4.跨国教育加强高校能力建设

跨国教育的最后一个视角是在新经济下普遍存在的，即能力建设的视角。它将跨国教育看作一个帮助高校进行能力建设和高质量教育建设的途径。

在墨西哥，政府支持国际化项目的原因是通过发展训练有素的劳动者队伍来实现现代化，并通过国际视角来提高高等教育的质量。这个做法被许多国家普遍采用，特别是在那些自身高等教育体系在数量和质量上都无法满足人们需求的国家。

亚太地区的许多国家，如马来西亚、泰国、印度尼西亚、新加坡等都支持以能力建设为目的的跨国教育，既鼓励本国学生出国留学，又鼓励外国机构到他们的国家办学。马来西亚提供奖学金支持教师、研究人员和政府官员去美国、英国、澳大利亚等国进行学位学习或培训。泰国同样为政府官员和学生提供奖学金，去海外留学的学生回国后被要求去帮助大学进行各项建设；但这种奖学金数量还是很有限的，同时也依靠外国项目或机构的国际流动。

## 第二节 中外合作办学的动因

### 一、政府层面发展中外合作办学的动因

高等教育发达的国家，国内的教育资源过剩，迫切需要将过剩的资源输出到别的国家，以获得经济利益。澳大利亚、美国等国家积极筹划、制定战略，将跨国高等教育纳入国家发展战略中，使其成为重要的出口产业。

我国政府已采取两项重要策略：一是鼓励重点高校发展远程教育，扩大招生；二是对外开放高等教育，利用中外合作办学的机制，引进境外的优质教育资源。随后我国制定出一系列管理办法和政策法规。办学方针也由最初提出的"积极慎重、以我为主、加强管理、依法办学"，发展为目前的"扩大开放、规范办学、依法管理、促进发展"。重视程度随着实践的发展而提高，由最初的"谨慎"，到逐步将其视为一种"补充"，目前已经达成"作为我国高等教育重要组成部分

的共识。中外合作办学可以通过直接引进国外的教材、教学方法，以及管理模式，促进我国整个高等教育的改革和发展，推动高等教育迈上新台阶。

## 二、高等教育机构层面发展中外办学的动因

我国高等教育机构开展中外合作办学的主要动因有以下几点：

一是希望通过引进国外优质的教育资源，借助国外先进的办学观念、办学模式和办学机制，影响和带动本校的高等教育改革。这一动机在合作办学活动开展初期尤其突出。这是由于那时我国高等教育还处于计划经济时代的模式中，办学模式单一，教育内容老化，教学方法陈旧。高校教育工作者热切希望创新传统办学理念和办学模式。所以他们一旦接触到国际先进的教育范式，便对这种全新的教育范式表现出前所未有的积极性。

二是通过引入国外的教育资金和借助国内生源可观的学费收入，弥补高等教育投入不足的缺陷。20世纪90年代初，我国高等教育还处在精英教育阶段，未能体现出办学的规模效应，因此高校在经费上几乎完全依赖政府拨款，办学经费捉襟见肘。而中外合作办学中的学费收入要大大超出普通大学生的学费收入，由此可见，解决投入不足问题的经济动机比较明显。

三是出于对人才培养的需求。经济全球化和我国市场经济的发展，急需既熟悉国际经济运作法则和惯例，又了解各国国情、文化，而且能熟练掌握外语和现代化科技手段的复合型、创新型人才。如工商管理硕士合作项目的开展，就是为了弥补我国高等教育在这一领域的缺陷，为中国市场经济发展培养大量的高级管理人才。

四是通过培养紧缺人才，开设国内空缺的新学科和新专业，加快相关学科建设和发展的速度，提高国内高校的办学竞争力，这也成为许多国内大学热衷于中外合作办学的主要动机之一。

总之，我国高校在以上动机促使之下，表现出极大的热情。近年来全国各地合作办学项目数量的迅猛增加就可证明这一点。

## 三、教育消费者层面发展中外合作办学的动因

随着改革开放的深入和市场经济的发展，知识社会和终身教育理念深入人心，希望接受高等教育的群体还在不断扩大，甚至部分群体需要更高质量的高等教育。现有的高等教育无论从数量还是质量和种类上都无法满足国内的高等教育需求。面对国外高校在我国的合作办学，受教育者表现出了极大的关注，希望通过这类

高等教育，以求在国内实现"不出国即可留学"的梦想。

综观三个层面的动因，尽管各主体参与的动机不同，但是对合作办学的热情和积极性则显而易见。中外合作办学伴随着经济全球化以及高等教育国际化的大潮席卷而来，我们应该积极应对、参与其中，以全球的视野来观察它、以科学的态度来审视它、用未来的眼光来把握它，从而使其为我所用、助我发展、达我目标。

## 第三节 中外合作办学的发展历程

### 一、恢复时期

自改革开放以来，我国对外教育交流得到了恢复与发展，中外合作办学也得到了恢复。以 1995 年《中外合作办学暂行规定》的颁布为分界点，1978 年至 1994 年为中外合作办学的恢复时期。

#### （一）恢复初期的酝酿

改革开放初期，我国中外合作办学处于恢复阶段。对中外合作办学，人们的态度是非常谨慎的，仅在高校之间开展少量合作办学形式的项目合作。1979 年 11 月，时任南京大学校长的匡亚明率领中国大学校长代表团赴美国考察，揭开了中外高等教育与文化交流的序幕。1979—1980 年，我国与联合国开发计划署签署了关于"加强部分重点大学的人才培养和科学研究"等四个合作项目的相关文件；随后，双方又分别于 1987 年和 1990 年签署了有关高等教育合作的协议；1983 年，国家教委、司法部及北京大学、中国人民大学等代表和美国美中法学教育交流委员会、福特基金会的代表签订了关于"中美法学教育合作项目"的相关文件；1984 年，中国与美国福特基金会合作共建"中美经济学教育项目"，其宗旨是通过中美双方少数大学之间进行合作的方式，加强中国高校经济管理专业建设，以提高中方学校的教师水平和中方学校培养人才的能力。

#### （二）恢复中后期的办学概况

随着改革的不断推进和中国经济领域对外交流的逐渐深入，教育领域的对外交流与合作逐渐升温，我国境内中外合作办学项目逐渐增多，并出现了新的实践形式。1980 年 5 月，世界卫生组织西太平洋地区教师培训中心和北京医学院联合主办医学教育讲习班。同年 8 月，根据中日两国协议举办的日语教师培训班在北京开学。培训班由日方选派教师，提供教材、图书和电化教学设备，培养我国的日语教师。进入 20 世纪 80 年代中期，中国人民大学、复旦大学等高校相继举办了中美经济学、法学培训。之后，我国开始探索长期稳定的合作办学形式，其中，以创办于 1985 年的南京大学—约翰斯·霍普金斯大学中美文化中心最为显著。它是由南京大学和美国约翰斯·霍普金斯大学合作举办的教学和研究机构的统一体，在南京大学的领导下，由中美双方的两位主任主持日常教学和研究工作。该中心每年招收具有硕士学位或类似水平的中美学生各 50 名，中美教授各自用本国语言授课，以两国的政治、经济、文化、外交、历史、法律和国际问题作为教学和研究的主要内容，培养从事中美事务的专门人才和有关领域的教学、科研人员。该中心成为合作办学的一种新模式，使两国高校间的交往由一般的学术交往发展为长期稳定的合作模式。1983 年，德国与我国签署了"中德赛德尔基金会合作项目"，在南京设立了"建筑业培训中心"。同年，我国与加拿大国际开发署签署了"中加大学管理教育项目"。

1988 年，我国同法国签订了"中法企业管理干部高级培训中心项目"，法方投资 350 万法郎，在南开大学设立"培训中心"。同年，经国家教委批准，德国的歌德学院在北京外语学校建立了歌德学院北京分院。分院的主要工作是进行德语培训和就德国问题开展讲座等。因为歌德学院北京分院的教学内容牵涉教育和文化，因此，歌德学院北京分院的工作由当时的国家教委与文化部协调管理。同年，天津财经大学与美国俄克拉荷马城市大学合作举办的工商管理硕士项目成为我国第一个被批准授予国外学位的中外合作办学项目。

## 二、探索时期

1995 年，国家教委颁布《中外合作办学暂行规定》，第一次在政府文件中使用了"中外合作办学"的提法。该规定的实施标志着中外合作办学走上了依法办学、依法管理的探索道路。2003 年 3 月，国务院颁布了《中华人民共和国中外合作办学条例》，标志着中外合作办学向稳步发展时期的转变。据此，1995 年至 2002 年为中外合作办学的探索时期。

### （一）探索时期中外合作办学发展的促进因素

1. 经济全球化进程的加快

20 世纪 90 年代中期，经济全球化进程加快。欧共体完成向欧洲联盟过渡，北美自由贸易区建立，世界贸易组织成立，亚太经合组织迅速发展，这些都具有划时代的意义。同时，计算机技术的发展，区域性、全球性互联网的形成，使知识传递更加便捷。远距离、跨国界、跨地区的教育合作更加便利。

2. 中外合作办学认可度的提高

中外合作经过短暂的恢复，人们对其的认可度不断提高。这一点从我国政府颁布的一系列法律法规中便可以看出。

1995年颁布的《中外合作办学暂行规定》，就中外合作办学的意义、性质、必要性、应遵循的原则、审批标准及程序、办学主体及领导体制、证书发放及文凭学位授予和监督体制等各个方面进行了规定，搭建起我国中外合作办学政策的基本框架，充分肯定了合作办学的地位和意义，并为我国合作办学提供了可遵循的法律依据。该规定首次肯定了"中外合作办学"的内涵，指出："中外合作办学是中国教育对外交流与合作的重要形式，是对中国教育事业的补充。"国务院学位委员会办公室于1996年1月22日发布了《关于加强中外合作办学活动中学位授予管理的通知》，作为《中外合作办学暂行规定》的重要补充，规范学士学位以上的中外合作办学。这两项规章具体规定了中外合作办学应遵循的原则，进一步规范了当时的中外合作办学活动。这一时期，部分地方政府根据国家有关法令出台了相关的政策，如1996年北京市教育委员会出台了《北京市中外合作办学审批程序的若干规定》。

随着我国教育法治建设的不断完善，中外合作办学也逐步成为教育法治建设的一个重要的关注点。1995年颁布的《中华人民共和国教育法》除了重申宪法规定的办学主体原则外，第六十七条还明确规定："国家鼓励开展教育对外交流与合作，支持学校及其他教育机构引进优质教育资源，依法开展中外合作办学，发展国际教育服务，培养国际化人才。教育对外交流与合作坚持独立自主、平等互利、相互尊重的原则，不得违反中国法律，不得损害国家主权、安全和社会公共利益"；第八十五条规定，"境外的组织和个人在中国境内办学和合作办学的办法，由国务院规定"。1999年施行的《中华人民共和国高等教育法》第十二条规定，"国家鼓励和支持高等教育事业的国际交流与合作"；第三十六条规定，"高等学校按照国家有关规定，自主开展与境外高等学校之间的科学技术文化交流与合作"。2002年12月31日，教育部发布了《高等学校境外办学暂行管理办法》。在此之前，有关中外合作办学的法规文件只是规定了在中国境内合作办学的教育行为，而对我国高校到国外合作办学未予涉及，该管理办法初步规范了高校的境外办学活动，标志着中外合作办学法治建设开始向"走出去"合作办学领域拓展。

## （二）探索时期中外合作办学的发展

1. 地域分布情况

该时期的中外合作办学呈现加速发展的势头，分布相对集中于经济发达的东部沿海省份和大城市或高等教育较发达的省份，如上海市、北京市、天津市、山东省、江苏省、辽宁省、浙江省和广东省等。沿海地区申报的数量大大增加，中西部地区的中外合作办学项目开始起步。

2. 办学层次分布情况

该时期中外合作办学的办学层次覆盖面较广，各个层次均开设有中外合作办学的机构和项目，高等教育层次的合作占多数。中外合作办学的类别分为学历教育和非学历教育两大类。学历教育的中外合作办学被纳入国家年招生计划。学生参加国家统一组织的考试，达到录取标准，按照招生计划被正式录取，参加全日制教育，其学历、学位国家予以承认。非学历的中外合作办学为国家招生计划外的办学活动，学校自主招生，颁发机构授予的证书。

3. 合作对象国别和地区分布情况

与我国开展合作办学的国家和地区主要有美国、澳大利亚、加拿大、法国、德国、日本、新加坡、英国等。外方合作者均来自经济发达、科学技术先进以及高等教育发达的国家和地区。

4. 专业分布情况

中外合作办学开设的专业主要集中于工商管理类、外语类、信息技术类、经济学类、艺术类和教育学类。工商管理类中主要开设以下专业：工商管理、市场营销、财务管理、会计学等；外语类主要开设的专业有：英语、德语、俄语、法语、日语等；经济学类主要开设的专业有：国际经济、国际贸易、金融学、财政学等；信息技术类主要开设的专业有：计算机、计算机科学与技术、电子科学与技术等。

## 三、规范时期

规范阶段的时间界定是从《中华人民共和国中外合作办学条例》的颁布开始的。中国加入世界贸易组织以后，根据我国在教育领域的相关承诺，既有的《中外合作办学暂行规定》中的诸多内容以及条款与世界贸易组织的要求有很大的差距，为了践行"入世"承诺，我国开始组织相关人员对既有的中外合作办学的相关条例进行梳理，并在2003年颁布实施了《中华人民共和国中外合作办学条例》。

该条例的出台标志着我国高等教育中外合作办学进入了真正的规范发展阶段，使得高等教育中外合作办学的政策内容更加完善透明，对高等教育中外合作办学的发展起到了重要的促进作用，有效地保护了合作双方的权益。该条例的主要内容包括八个部分，即总则、设立、组织与管理、教育教学、资产与财务、变更与终止、法律责任以及附则。该条例提出了中外合作办学的十六字方针，"扩大开放、规范办学、依法管理、促进发展"。

从发展基调来看，国家对于中外合作办学持以鼓励和支持的态度。《中华人民共和国中外合作办学条例》的出台是建立在中外合作办学发展十多年的实践经验基础之上的，是对"入世"承诺的政策反应。为了配合《中华人民共和国中外合作办学条例》的实施，2004年国家公布了《中华人民共和国中外合作办学条例实施办法》，对中外合作办学的招生、收费和办学等环节以及内容都进行了规定，其要求审批机关应本着公开、公平的基本原则来对中外合作办学项目进行评估，并将评估结果及时公布于众；中外合作办学应借助于网络、报纸等媒体将自身的办学层次、办学规模、办学模式、费用标准和课程设置等内容对外公布，这样可以最大限度地减少学生以及办学机构之间的信息不对称，提高信息的透明度。

为了保证这些法律规范的顺利实施，国家又出台了《教育部关于做好中外合作办学机构和项目复核工作的通知》（2004年）、《教育部关于当前中外合作办学若干问题的意见》（2006年）等配套政策，力图解决高等教育中外合作办学中出现的一哄而上、低水平建设、高收费以及乱收费等问题。

总之，进入规范发展阶段以后，我国各项有关高等教育中外合作办学的政策陆续出台，使中外合作办学进入了一个发展的黄金阶段。

## 四、转型升级时期

伴随着中国教育对外开放从"扩大"迈向"做好"，中外合作办学亦进入转型升级、内涵发展的新时代。2010年，中共中央、国务院颁布的《国家中长期教育改革和发展规划纲要（2010—2020年）》指出，积极鼓励探索多种形式，利用优质教育资源，办好若干所示范性中外合作学校和一批中外合作办学项目。教育部随后陆续出台一系列规范性文件，推动合作办学政策法规的不断完善。2016年初，中共中央办公厅、国务院办公厅印发的《关于做好新时期教育对外开放工作的若干意见》明确提出，要"完善体制机制，提升涉外办学水平。通过完善准入制度，改革审批制度，开展评估认证，强化退出机制，加强信息公开，建立成功经验共享机制，重点围绕国家急需的自然科学和工程科学类专业建设，引进国外优质资源，全面提升合作办学质量"。随后，教育部在《推进共建"一带一路"教育行动》配套文件中提出"丝绸之路"合作办学计划。中组部党组、教育部党组还发布《关于加强高校中外合作办学党的建设工作的通知》，指导中外合作办学党的建设。这一时期，中外合作办学事业取得了长足发展，辐射作用也日益凸显，在国内社会的认可度和国际社会的影响力亦逐渐提高。截至2020年底，全国中外合作办学机构和项目共2332个，其中本科以上机构和项目1230个，具有独立法人资格的本科以上层次中外合作办学大学10所、本科及以上层次非独立法人中外合作办学机构121家，在读学生已超过30万人。

# 第三章　中外合作办学的现状

中外合作办学是全面贯彻党的教育方针和不断提升我国高等教育质量的重要举措。当前中外合作办学的类型有独立法人的合作办学机构、非独立法人的中外合作办学机构和合作办学项目等。中外合作办学中出现的办学缺乏特色、教学质量有待提升和社会影响力不强等问题，需要政府、学校以及社会各界力量形成合力，不断优化中外合作办学模式。本章分为中外合作办学的发展现状、中外合作办学存在问题的原因两部分。

## 第一节　中外合作办学的发展现状

### 一、中外合作办学取得的成绩

中外合作办学是我国高等教育与国外教育交流的桥梁，为深化我国教育体制改革、实现教育创新提供了实践平台，对我国整个教育事业产生了深远影响。

#### （一）培养了大批国际化人才

中外合作办学实施高等教育，纳入全国统一高校招生计划中，录取批次与该项目所在国内院校的其他专业基本一致。在录取规则上，多数中外合作办学机构和项目对学生的外语水平要求较高，以保证学生入学后适应全外文教学及考核。因此，中外合作办学机构和项目生源质量较高。中外合作办学经过近几十年的发展，培养了大批适应国家经济社会对外开放要求、具有国际视野、通晓国际规则、能够参与国际事务与国际竞争的国际化人才。

#### （二）形成"以我为主"的发展道路

近年来，中外合作办学主动服务党和国家工作的大局，统筹国内和国际两个大局，逐渐走出一条"以我为主"的发展道路。

其一，有机结合"双一流"建设，以开放促改革。推动"双一流"建设是如今我国高等教育改革与发展的重大决策。中外合作办学不断与"双一流"建设有机结合，共同致力于建设高等教育强国。很多"双一流"建设高校将中外合作办学作为改革与发展的突破口。截至2020年底，"双一流"建设高校开设了360个中外合作办学机构和项目，占全国总数的28.91%。很多高校与世界知名大学合作办学取得新突破，相关办学机构和项目紧跟世界科技前沿，围绕新兴专业和我国空白、紧缺专业，如大气科学、灾害护理、生态保护和文化遗产保护等，培养出众多"高精尖"人才。

其二，主动对接"一带一路"倡议，讲好中国故事。中国政府积极推动与"一带一路"沿线国家和地区开展中外合作办学，截至2016年底，已经有87所高校与"一带一路"沿线国家开设了总数达200个的中外合作办学机构和项目。"一带一路"所提倡的深度合作、互联互通在每一个方面都需要智力支持和人才支撑，而中外合作办学已经开始承担这一重要任务：将培养出具有中国情怀和国际视野的高素质人才输送到沿线国家，从而构建合作关系；依托中外合作办学建立的科研合作平台和决策智库，为"一带一路"倡议的实施提供智力支持和咨询服务。中外合作办学在引领"一带一路"其他领域的合作、储备必要的人力资源等方面发挥着重要作用，通过教育为"一带一路"倡议在各领域的深入开展做好充分准备，也使得中外合作办学成为沿线国家文明互鉴、文化交流的重要窗口和桥梁。

此外，当全球新冠肺炎疫情导致部分中国学生无法赴境外留学时，很多中外合作办学机构勇担责任，为留学受阻的中国学生提供转学回国就读的机会，体现了其大局意识和责任担当。

### （三）拓宽了我国教育的筹资渠道

中外合作办学改变了传统的由政府投资的一元体制，拓宽了筹资渠道，创建了政府、社会和企业等多方共同投资的模式。

目前，中外合作办学的投资模式归纳起来有四种。一是中方政府投入，负责基本建设；外方以知识产权的形式投入。二是中方企业或者民间投入，负责基本建设；外方以知识产权的形式投入。三是中方企业或者民间投入，负责基本建设，中方政府适当支持；外方以知识产权的形式投入。四是中外双方共同投入，以中方为主；外方以知识产权的形式投入。

中外合作办学属于我国公益性事业。尽管允许取得合理回报，但无论以何种方式都要把社会效益放在首位。鉴于中外合作办学的公益性原则，其投入回报的价值取向主要就不再是经济指标，而是它在教学、科研和服务与培养人才上的指标。

### （四）加速了我国高等教育国际化的进程

经济全球化要求我国高等教育快速走向国际化，而中外合作办学是实现我国高等教育国际化的根本途径。中外合作办学作为我国教育对外交流与合作的重要组成部分，比留学生教育更注重对学生进行传统文化的熏陶，比我国与政府国际组织的交流与合作更加"平民化"，比外国专家的聘请与交流更具"宽泛性"，比其他教育交流更具"办学的系统性和整体性"。中外教育机构通过合作办学更加直接地促进了相互间的了解，并在此基础上进行全方位的合作与交流。中外合作办学作为我国高等教育国际化进程中的一个重要形式，缩短了我国与先进国家在教育水平上的差距。

中外合作办学在推动教育国际交流与合作的同时，加快了中国高等教育改革与发展的国际化步伐。中外合作办学充分发挥了双方在教育资源、教学管理等方面的优势，解决了我国高等教育的供需矛盾，为更多学生提供了求学和进修的机会，培养了一批具有国际视野，能够在国际化背景下参与国际事务与国际竞争的复合型人才。

### （五）推动了我国高等教育管理体制的改革

中外合作办学的过程是合作双方互相学习管理理念、管理方法的过程。我国高等教育现处于大众化发展的关键阶段，正需要大量吸收、融合和消化国外高水平的高等教育资源，确保实现高等教育管理体制的创新。国家已制定完善相关的政策和法律，深化内部管理体制改革，促进合作双方共生共赢：逐步实现了从单一的高校公办体制向多元化高校办学体制的转变；从高度集权高等教育管理体制向扩大高校办学自主权的转变；从单一政府投资体制向多元集资体制的转变。

### （六）培养了一批具有国际视野的师资队伍

师资队伍是保障中外合作办学质量的重要因素之一。发达国家通常把教师轮流派到海外从事教学活动，丰富其教学阅历，培养其科研能力，从而提高师资队伍的整体水平。实践表明：外籍教师具有强烈的敬业精神和职业使命感，教学方法新颖、灵活。不同国籍的专家、学者聚合在一起，与中方教师共同开展备课、教研活动，可以使中外教师的跨文化理解力均得到提高，有效避免了知识、师资结构的偏颇。中方教师在拓宽国际视野的同时，运用外语教学的能力得到了大幅度提升。鉴于我国高等教育尚不具备派遣大批教师赴国外研修的条件，中外合作办学给更多的中方教师到国外进修或在国内接受国际化培训提供了机遇，使之完善知识结构、更新教学理念和教学方法。此外，合作办学吸引了更多海外优秀学者回国教学，进而保证了合作办学的师资质量。

### （七）提高了我国高等教育的国际影响力和竞争力

我国高校同境外高校的交流不够，国外对我国高校的了解仅限于文本资料和出境留学人员等间接途径，缺乏对我国高等教育事业的深入了解。中外合作办学开设了一个让境外了解我国高校的窗口，在合作中展示出我国高等教育事业的发展与成就，提高了我国高校的知名度和竞争力。

### （八）引进了国内经济和社会发展急需的学科和专业

中外合作办学遵循了两个基本规律：一是中外合作办学必须适应和服务于国家改革发展的大局；二是中外合作办学必须适应和服务于学生的发展和成长。在学科设置上，中外合作办学综合考虑社会经济发展需求，坚持"专而宽、精而广"的原则。在坚持国家、区域经济发展需要和自身办校特色的同时，兼顾其他相关学科，实现学科建设同学校发展、专业发展、市场需求和国家建设的多重结合。

在选择专业方面，高校能够注重外方办学的能力和声誉，以"择优合作"为原则，积极与外方在国内急需、薄弱和空白的学科领域开展合作办学，避免了合作双方片面追求经济利益，防止低水平、重复办学。高校引进了一批新专业，在一定程度上满足了部分专业和领域的教育需求，同时帮助原有专业进行改造，培育既与国际接轨又符合社会要求的新专业。

## 二、中外合作办学存在的主要问题

### （一）中外合作办学的认识问题

1. 对中外合作办学的地位认识不足

中外合作办学是我国教育事业的重要组成部分，推动着我国高等教育的改革和发展，但在现实中，人们对于中外合作办学的作用认识不清，中外合作办学并没有受到应有的重视。在实践中，有些领导并没有意识到中外合作办学的重要意义，没有看到其对于我国高等教育改革的促进作用。

与公立大学相比，中外合作办学的学历教育收费较高，存在"招不起生"的危险；而中外合作办学的非学历教育学生的分数和综合素质普遍不高，学校还需要投入大量的时间和金钱进行宣传，因此，很多学校的领导对中外合作办学都处于一种观望的态度，严重阻碍了中外合作办学的发展。

2.中外合作办学中教育主权盲目夸大

中外合作办学对教育主权的影响一直是学者争论的话题。受传统主权观的影响，在中外合作办学的过程中，坚决维护我国教育主权的呼声不绝于耳。往往在决定是否开放、开放力度有多大、哪些领域可以开放时，首先考虑的就是主权问题；甚至一些教学和管理方面的具体问题，都要与教育主权问题挂钩，主权问题被盲目夸大，严重阻碍了中外合作办学的发展。

3.对中外合作办学的市场性和产业性认识不足

中外合作办学的实质就是让出我国教育服务的部分市场，引进国外优质教育资源，借鉴有益的教育和管理经验，提高学科建设和师资队伍水平，推动教育教学改革。但在现实中，人们往往认为教育的市场性和产业性会对社会主义办学的大方向产生威胁，损害教育的公益性，认识不到市场性和产业性对中外合作办学的重要意义。

## （二）中外合作办学的定位问题

由于中外合作办学属于新兴的办学形式，政府对中外合作办学的办学过程应采取过程监控与指导措施，以保障中外合作办学朝着正确以及健康的方向发展。高校举办中外合作办学的内在动力在于掌握先进技术、增加可支配收入、提高教学质量和提高社会地位等多个方面。面对中外合作办学纷繁复杂的局势，部分高校举办中外合作办学在目的上存在着一定的盲目性，在办学姿态上存在着一定程度的被动性，在办学定位上存在着矛盾、困惑和焦虑。

中外合作办学的合作形式主要有引入式和嫁接式，从已有的合作办学项目和机构看，大多是引入式，即全部引进外方培养体系和质量评价体系。中方除了国家要求的课程，较少参与培养体系和质量评价体系的建立。这与"以我为主，为我所用"的中外合作办学原则不符。中方将主动权交出，成为附属方，定位严重偏差。此外，合作办学的目的是引进优质教育资源，最终为我所用，但是很多中外合作办学机构和项目在教学上注重引进，但不注重与本土环境结合，多强调海外升学的前景，忽视国内就业和升学，在某种程度上使合作办学变成了国外大学的预科班。这种定位目的是培养将来出国的人才，而不是具有国际视野、能为我国社会做贡献的人才，培养目标严重错位。在中外合作办学的项目和机构中，将来出国深造的学生确实较之普通高校学生在渠道和资源上有优势，学生有出国意向的也比普通高校要多，然而，大多数学生还是选择在国内就业或升学。这些只学习了国际课程，却不符合国内人才培养目标的学生，在将来就业和升学时都会出现一定的困惑。

### （三）中外合作办学的体制问题

1. 管理体制方面

管理体制包括宏观和微观两个方面。在宏观管理上，存在政府多个部门共同管理的现象。中外合作办学作为一项涉外活动，不仅牵扯到政治、经济和教育等不同的方面，而且也与我国的教育主权问题息息相关，受到政府不同部门的约束，适用不同的法律法规，因而管理情况比较复杂。

《中华人民共和国中外合作办学条例》第八条规定："国务院教育行政部门负责全国中外合作办学工作的统筹规划、综合协调和宏观管理。国务院教育行政部门、劳动行政部门和其他有关行政部门在国务院规定的职责范围内负责有关的中外合作办学工作。省、自治区、直辖市人民政府教育行政部门负责本行政区域内中外合作办学工作的统筹规划、综合协调和宏观管理。省、自治区、直辖市人民政府教育行政部门、劳动行政部门和其他有关行政部门在其职责范围内负责本行政区域内有关的中外合作办学工作。"从这条规定中我们不难看出中外合作办学存在多个部门管理的现象，这不仅导致了政府管理职责的不明确和办事效率的降低，也使政策的可信度打折扣，不利于中外合作办学的发展。

另外，在管理上往往存在重审批、轻管理的问题。政府主管部门把主要精力投入在各种文件的审核上，对于批准之后的合作办学并没有建立长效的管理机制，只是规定由省一级教育行政部门负责。同时，没有明确办学资格的标准，外方资质参差不齐，有些国外三流甚至四流的大学来中国办学，教育质量和水平不高。

在微观管理上，法律对于中外合作办学内部管理有明确的规定，但在实践中却存在混乱的现象。比如，合作双方管理职责不明确，办学层次不高，教师队伍不稳定，等等。在教师的聘用和管理方面，我国目前还没有制定统一的中外合作办学的人事管理办法；在学科管理和专业建设方面，学科门类相对偏少，主要集中在商科和计算机专业，很少有根据本校特色设立的专业。

2. 办学体制方面

办学体制主要表现为办学模式。中外合作办学的模式包括非独立设置和独立设置两大类。我国的中外合作办学多采用非独立设置的办学模式，具有较大的依附性。就中外合作办学的项目而言，由于其一次性和阶段性的特点，只注重某一专业的合作活动，无法系统地引进国外先进的教育理念和经验；同时，也不利于稳定的教师队伍的建设。对中外合作办学的机构来说，在招生录取时，作为所属大学的一个学院，根据自己的专业设置由大学统一招生，使得其在管理上受到一级大学过多的行政性干预，只局限特定的专业范围，教学改革空间有限。而独立设置的中外合作办学机构在数量上并不多。

3. 投入体制方面

《中华人民共和国中外合作办学条例》第十条规定："中外合作办学者可以用资金、实物、土地使用权、知识产权以及其他财产作为办学投入。"在现实中，中外合作者依照法律、法规和合作办学的协议，既可以向办学机构提供资金，也可以提供实物、土地使用权和知识产权等。一般来说，中方投资者多提供资金、实物和土地使用权，而外方投资者多提供知识产权。而我国高校的土地、办学设备等多为国家所有，存在国有资产流失风险。同时，在中外合作办学的过程中，一些实力不强的国外高校用很少的资金就可以来中国开办学校，利用中国的优惠政策和人们对于国外大学的不了解以及中方提供的土地、设备等赚取利润，违背我国引进国外优质教育资源发展本国教育事业的初衷。

### （四）中外合作办学的法治监管问题

目前，除了我国的《中华人民共和国教育法》《中华人民共和国高等教育法》以外，只有《中华人民共和国中外合作办学条例》及《中华人民共和国中外合作办学条例实施办法》作为此项活动可遵循的依据，对于一些具体问题，还没有更为细致的法律规定做保障，法律法规存在滞后性。

此外，中外合作办学机构成立以后，法律没有规定一个专门的部门对办学机构进行定期的视察和监管，缺乏行之有效的办学质量评估标准与体系，这就可能导致办学太过自由化，出现教学质量不高、乱收费和办学条件不符合国家标准等一系列的问题。

### （五）合作办学的学科门类分布问题

中外合作办学的学科专业设置过于集中。我国中外合作办学项目虽然涉及了11个学科门类，但专业主要集中在工商管理、国际经济与贸易、会计学、国际商务、市场营销、经济学、计算机科学与技术、信息管理与信息系统、财务管理、机械设计制造及自动化和护理学等多个专业。所开设的专业主要问题为：一是开设经济类与管理类专业较多，存在重复引进和过度竞争的倾向；二是与经济发展关系密切的专业开设较多，如会计学、国际经济与贸易等，而一些国家急需、薄弱和空白的前沿专业存在着资源引进不足的问题；三是部分院校在增设中外合作办学的专业时，更多地考虑到人才市场和经济社会发展的需求，以获取更大的经济利益，未能结合本校的特色来设置专业。如部分工科院校本应该依托学校优势教育资源与外方合作院校开设特色专业，以实现利用中外双方的优质资源进行合作的目的，但结果往往是出于经济利益的原因，选择了一些经济类或工商管理类的专业，未能将本校教育资源最有效地加以利用，使教学质量和办学效益难以大幅度提高，反而影响到学校的中外合作办学能力。因此，引进的国外教育资源有待于进一步优化和整合。

### （六）中外合作办学的师资队伍问题

中外合作办学的师资队伍由中方教师和外籍教师组成。中外合作办学是在国际化背景下培养国际化、复合型人才，因此对教师也提出了更高的要求。教师不仅要精通外语，适应双语授课，同时还要有较高的理论水平和一定的专业背景。通过大量的案例研究，这样的一支教师队伍难以在短时间内建成。国内具有博士学位、精通外语的教师实践能力可能相对弱一些；具有海外留学背景、有一定实践经验的人才可能更愿意寻找其他工作机会。因此，专业师资短缺、双语教师紧缺和教师实践能力较弱等是中方教师队伍普遍存在的问题。

外籍教师的师资水平同样直接影响了中外合作办学的质量。中外合作办学的学费相对高昂，因为部分课程由外籍教师授课，成本高。在这样的授课环境中，学生可以及早适应外籍教师授课的方式，提高外语水平，为以后出国留学做准备。在现实中，由于管理体制不完善，我国在外籍教师的数量、聘期和培训等方面没有硬性规定，对外籍教师的资质来源和证书审查方面管理不严，很多合作院校并没有严格按照要求选派学校的优秀教师来中国参与合作教学。在部分中外合作办学机构中，外籍教师只有很少的一部分是来自合作学校的，大部分是机构从社会中临时聘用的，有的甚至根本没有教育教学经验。部分聘用的教师年龄偏大，创新思维能力较差；部分教师口音浓重，影响了教学质量，学生意见较大。此外，外方选派的教师通常是来华短期工作，在课时安排上采用集中授课的方式，很多外籍教师刚刚适应中国的教学环境就回国了。选派教师不稳定，频繁更换，使得中外合作办学的教学质量和课程建设受到较大影响。

### （七）中外合作办学的社会认知度问题

中外合作办学属于新生事物，社会认知度还有待于进一步提高。中外合作办学的毕业证书被认为含金量不高，甚至有时成为教育质量低的代名词，学生在随之而来的就业中也会遇到一些问题。社会认知度直接影响了中外合作办学的生源。

《中国人力资源发展报告（2011—2012）》提出，我国高等教育已进入生源危机时代。新生儿数量的下降，导致了学校生源数量的相应下降。在生源急剧下降的同时，高等教育大众化招生规模的扩大给原本就较为严峻的中外合作办学招生工作带来了极大挑战，再加之高昂的学费限制了一部分生源市场。生源数量不足也就难以保证生源的质量，因此我国需采取有效措施进一步提升中外合作办学的社会认可度，从而提高生源质量，实现良性循环、可持续发展。

## 第二节 中外合作办学存在问题的原因

### 一、教育国际化研究滞后

尽管高等教育在我国属于合作办学发展比较领先的区域，但是其在教育国际化的研究方面还很薄弱，既有的研究不仅数量少，质量也不高，难以有效指导合作办学实践的发展。我国高等教育的合作办学基本上还处于一个摸着石头过河的阶段，有理论的跟进虽然不一定确保我国高等教育合作办学的顺畅发展，但是没有理论层面的指导，合作办学失败的概率更大。

各个地区的合作办学在环境、资源等方面有很大的不同，这就需要进行有针对性的理论研究，只有如此才能给合作办学的实践带来有益的理论指导。在我国高等教育方面，少有学者对此课题结合我国高等教育的实际进行深入的研究，在理论层面都是照搬他国或者其他地区的理论研究成果。实践证明，这种不加变通、照搬别处的理论内容并不适合我国高等教育的实际情况，没有针对我国高等教育具体情况的理论，使合作办学实践不能做到有效的创新。

### 二、公益性目的不够明显

公益性是高等教育中外合作办学的基本目的。然而从我国高等教育合作办学的情况来看，公益性要远远落后于营利性，这从其高昂的学费就可见一斑。统计数据显示，我国高等教育中外合作办学的学费平均在每年1.5万元以上，这一数据在全国都处于一个较高的位置。

公益性的不足使得学费成了阻碍学生享受这一资源的主要瓶颈，而招生达不到既有的规模意味着我国高等教育本来有限的高等教育资源被限制与浪费。从目前我国高等教育中外合作办学来看，一些中方机构在合作办学中往往并不掌握主动权，而外方又强调利润至上，在这种情况下，中方机构沦为了对方敛财的帮手，使学生甚至国家的利益受到了损害。

## 三、教育市场开放的冲击

《关于做好新时期教育对外开放工作的若干意见》（以下简称《意见》）要求开创更有质量、更高水平的教育对外开放新局面。作为我国教育对外开放的纲领性文件，未来一个时期内，《意见》将全面指导我国教育对外开放工作，使我国教育对外开放事业发展进入全新时期。

在《意见》的指导下，我国国内教育市场将更加开放，各种涉外办学活动将更加繁多，我国跨境高等教育将迎来大发展。

### （一）出国留学的冲击

我国出国留学事业的发展恢复于改革开放后，在"支持留学、鼓励回国、来去自由、发挥作用"的出国留学工作方针的指导下，我国出国留学事业蓬勃发展，出国留学人数不断攀升，尤其在《教育部办公厅关于简化大专以上学历人员自费出国留学审批手续的通知》颁布后，我国不再进行"自费出国留学资格审核"工作，不再收取"高等教育培养费"。

《意见》对未来我国的留学事业发展做出了部署，要求加快留学事业发展，提高留学教育质量。从历史经验和政策指引两方面来看，国内对优质的国外教育资源需求将更加旺盛，未来会有越来越多的家庭将子女直接送往国外接受"原汁原味"的国外教育，未来我国出国留学的人数仍将持续增长。

此外，还有一个因素需要考虑，即未来我国高等教育适龄人口呈减少趋势。在出国留学人数持续增长和高等教育适龄人口下降的双重冲击下，未来一个时期内，就读国内高校的生源势必减少，我国高等教育将不可避免地出现"买方市场"，中外合作办学发展亦会面临生源问题。

### （二）涉外办学的冲击

教育市场的开放，必然带来各种形式的国际教育交流与合作项目。在《意见》出台之前，我国就已经存在包括中外合作办学在内的16种涉外办学形式。可以预测的是，在未来我国教育对外开放的新时期，受国家政策鼓励，我国将出现更多的涉外办学形式。涉外办学形式的丰富多元，提升了我国教育发展的国际化水平，为我国公民提供了更多教育消费的选择机会，但对中外合作办学发展而言是带来了挑战。

其一，各种涉外办学形式的存在使得社会公众难以对中外合作办学形成清晰认识，无法做出准确区分。例如，在一些国际联合培养项目中，学生达到中外双方高校的学业要求，也可以获得中外双方的学位证书。这样会导致社会公众难以区分国际联合培养项目和中外合作办学项目，就读学生只需要获得中外双方的学位证书即可，难以对国际联合培养项目和中外合作办学项目之间做出区分。

其二，一些涉外办学形式，由于管理的不规范，极易引发办学秩序混乱，甚至导致教育教学事故，侵害受教育者的权利。在社会公众难以区分其他涉外办学形式和中外合作办学差异的情况下，其他涉外办学形式中出现的问题，极易被联系到中外合作办学上，加之社会上一些媒体的误导，其他涉外办学形式的"黑锅"极易被中外合作办学背上。

其三，各种涉外办学形式的存在，相当于在有限的生源市场中增加了教育供给，无形之中对高校中外合作办学的生源造成挤压。在未来高等教育适龄人口下降的背景下，高校中外合作办学的生源竞争将面临国内公办普通高等教育、公办高校中外合作办学、民办普通高等教育以及各种涉外办学形式等多种高等教育的冲击，这其中各种涉外办学项目以其国际化之名和便捷化途径，将给高校中外合作办学带来强劲冲击。

## 四、政府的监管力度不够

### （一）政府监管不到位

在办学期间定期对中外合作办学质量进行监控评估是保障办学能够健康发展的措施，但是，目前政府虽然十分重视对中外合作办学的审批与把关，形成了省级政府负责、教育部备案的两级把关制，但在引进国外优质资源后如何有效地利用、促进其本土化以及为我所用方面缺少完善的配套机制。

总的来说，政府的管理存在着重文件审批轻后续管理的现象。由于中外合作办学发展时间短，中外合作办学机构没有一套行之有效的管理制度来参考和借用。合作初期，中外合作办学机构一般都沿用国内高校管理模式并参考制定相关规章制度，结合学院特色和董事会要求制定一套管理制度。这种模式只能维持机构最初的管理和教学的正常运转，如果机构在办学过程中出现问题会再及时修改和重新制定新的制度。管理制度不健全，制度不断地完善是合作办学必经的过程。

此外，由于人员流动频繁，中外合作办学项目主要责任人经常更换，行政人员也不稳定，所以制度建设和执行一直处于不持续状态。在这种情况下，政府的引导和持续监管是保障中外合作办学避免走弯路的重要保障。

### （二）政府管评一手抓

中外合作办学由政府批准、监管和评估，这与新公共管理理论强调政府着重规划并将自身从具体事务中解放出来的宗旨不一致。政府抓太紧影响院校办学自主权，政府放松又容易导致院校办学混乱现象，而且政府评估具有一定行政性，难免造成评估结果失真现象。

同时，现在依然存在行政手续复杂、办学申请时间冗长等问题。政府需要按照管办评分离的原则，妥善理顺中央与地方政府、高校和社会之间的关系，推进高等教育治理体系和治理能力的现代化。在质量评估方面，《国家中长期教育改革和发展规划纲要（2010—2020年）》明确指出，要推进专业评价，鼓励专业的组织和社会中介机构参与高校（学科、专业、课程等）的办学水平和办学质量的评估。引入第三方中介机构来寻找优质的教育信息，收集国内中外合作办学专业和学科需求。专业化中介机构介入避免了中外合作办学引入低质量的教育资源和以教育贸易为目的的外方合作者。

寻求外国教育资源合作者时应仔细考察对方的合作动机，坚持以引进优质教育资源为主、收益性为次的原则，允许外方合作者考虑合理收益的需求。引入国内、国外第三方机构对准外国办学合作者进行资质考察，作为政府对中外合作办学机构或项目审批的重要参考依据。转变思想、树立服务意识、改进管理方式、完善监管机制和培育第三方机构才是政府部门的重要职责。

在我国，社会参与从形式到内涵都正在逐步丰富和完善，其参与通道也在一步步拓宽，但是总的来说，我国社会、企业参与高等教育的办学和管理在广度和深度方面都处在起步阶段，在参与中外合作办学方面更是存在许多问题尚待解决。

1. 社会力量参与渠道不通畅

"社会"是特指独立于政府、教育行政部门以及高校之外的社会组织或个体。例如，各种社会民间组织、私营企业、个人或家庭以及社会活动组织等，就是独立于政府和高校的第三方力量。随着高等教育逐渐走出象牙塔，进一步面向社会，社会也越来越多地参与高等教育，如参与办学、校企合作和社会评估等都反映了社会参与越来越多地渗入高等教育办学、管理和评估的整个过程中。中外合作办学作为新兴的高等教育类型，在社会参与方面较之传统高校更加广泛。

社会参与给中外合作办学带来新生力量和资源，为中外合作办学的发展做出了积极贡献，然而，当前社会力量参与我国中外合作办学的办学、管理和评估程度远远不够，主要原因是参与渠道不通畅。主要体现在，社会参与中外合作办学缺乏实际管理权。中外合作办学院校管理体制一方面是自上而下的"纵向管理"，即中央、地方以及院校三者之间的权力分配；另一方面"横向关系"的协调，主要体现为合作的中方院校和外方院校之间的管理权限分配。社会参与在中外合作办学管理体制中的受重视程度还远远不够。

因而"政府—社会—院校"三方关系并未形成三足鼎立的稳定局势，社会力量处于弱势地位，中外合作办学高等教育的管理权在政府和院校之间，作为政府和高校之间的社会力量未得到承认，其参与管理的权限更是有限。社会参与机制不成熟，社会参与的合理回报需求尚需获得政府支持。

目前，我国政府要求社会参与办学或校企合作出于公益目的，并未对社会参与的合理回报做明确规定。虽然，社会、企业可短期参与院校办学，但是社会组织和企业并非都是公益组织，如果不能获得合理回报，参与和合作很难长期持续下去。诸如此类的现象反映了我国政府有待进一步加强宏观协调，鼓励社会力量参与中外合作办学的各方面工作。

2. 社会第三方评估机构发展不成熟

中介组织也称社会第三方机构，是指根据一定的法律法规建立的，按一定规范参与高等教育活动的，独立于政府和高校之外的非营利性社会组织。比如，在美国，这类组织根据其职能可分为三种类型：①评估鉴定型，指各类全国性、地方性以及专业性的认证组织；②研究和咨询型，指研究高等教育问题并从事相关咨询服务的专业组织；③自律互益型，指学会、行业协会等团体。

目前，在我国社会第三方机构还未成熟，高校评估、研究机构和学会等团体都是由政府直接主管的，这类机构缺少独立性和客观性，在评估中依据的是政府的意志，不能客观地评价政府管理职能，也不能超脱于政府和院校公正地从第三方角度为高校发展提出建议。

社会第三方机构在高等教育内部以及高等教育与政府和社会的关系方面发挥着多种功能，可作为院校与政府之间的润滑剂，协调两者之间的关系；有助于规范中外合作办学院校及其专业设置标准，保障合作办学质量；可开展调查研究，为教育决策和改革提供咨询和建议。我国政府应大力鼓励发展社会第三方机构，让这类机构真正发挥作用。

## 五、政府宏观管理体制落后

### （一）政府机关多头管理

从横向来说，不同行政部门的管理之间有交叉。这存在两种情况：一种是不必交叉的非要交叉，比如，合作办学过程中外籍师资的引进问题，教育部门在管、外事部门在管、人事部门也在管，中外合作办学机构常常需要游走在几个政府机关部门之间，办事手续繁杂、耗时冗长；另一种是需要交叉的忽视交叉，比如，合作办学中的政府定价程序，财政局和物价局负责审批核准学费定价，而教育部门负责合作办学审批，两者之间一旦缺失沟通协调，就会使政府定价缺乏客观公正性。

从纵向来说，中央和地方同一行政部门的管理也存在交叉，尤其是教育主管部门。宏观上教育部对所有的中外合作办学都有管理的权力，但由于直接隶属关系和地方保护主义，省级教育主管部门的管理权表现得更具深度和广度，即便其管理思想和实际操作会与教育部有些不统一。同时，省市教育主管部门之间的管理也存在交叉，职责分工还不是很明确。正是这种多头管理、交叉行政的现象，导致了管理职责不明确、效率低等问题。

### （二）政府教育主管部门疲于审批手续

教育部具体分管中外合作办学的机关是国际合作与交流司，该司下设十二个处室，与合作办学相关的主要是政策规划处、教育涉外监管处和出国留学工作处，省市一级的中外合作办学管理归各省市教育主管部门的国际合作与交流处，该国际合作与交流处的工作人员一般为4～5人，除了合作办学以外还需要承担其他的工作任务。面对与日俱增的亟待申请合作办学的审批，如果没有明确的政策指引和完善的体制机制，仅靠中央和地方几个部门，要实施深入切实的行政规范还是有相当大难度的。

先不说项目或机构成立以后的评估方式和周期问题，光是审阅和辨别申请设立材料就要花费巨大的人力和物力，更不要说去实地考察评估。2005年底，教育部收回了各省级教育主管部门的中外合作办学地方审批权，并很快中止了中外合作办学的审批活动，直到2021年初才有所松动。

## 六、中外合作交流人员缺乏经验

### （一）与外方谈判时缺乏策略

在与外方进行合同权益的谈判中，有些中国办学机构宁愿吃亏也要高攀外姻，所以放低身段、谦逊礼让，谈判缺乏策略，立场不坚定；还有些中国办学机构对中外合作办学的市场性、产业性运作方式缺乏充分认识，忽视了办学的经营效益，以至于最后放弃了很多本应该取得的权益。比如，很多合作协议是基于中方现有的教育设备协同发展的，规定外方做较大前期投入的不多；比如，有些协议中不是中外合作办学机构或者项目法人代表的外方，充当董事长或者主席以取得办学权、主导日常管理；再比如，有些合作协议缺乏项目终止和退出机制，即便以后中方想要终止合作也找不到退路；还有一些合作协议在产权、文凭和财务等方面很不明晰，使中方的利益得不到保障。

### （二）缺乏自我评价和自我监督

一些中方教育机构的外事工作人员认为中外合作是一种潮流，同行之间互相攀比、一哄而起，在对合作办学市场性缺乏全面认识，以及不考虑自身的学科体系和办学特色的情况下，盲目跟风，尤其对项目可行性的论证、财务运作的论证等方面缺乏自我定位和自我评价。

另外，有的办学机构内部只有执行部门，没有监督部门。严重匮乏的自我监督造成了很多学校要等出了事故才来亡羊补牢。

### （三）盲目选择外国合作教育机构

中外教育合作是一种资源的合作，涉及合作双方资源的流动、重组、分配和管理。因此要实现有效合作，就要搞清楚国外可利用教育资源的实际状况以及它与中国未来教育发展的关联性，换言之，就是选择可以为我所用的优质教育资源进行合作。

而我国有些教育机构没有弄清楚外方的背景和动机就盲目合作，造成了资源的浪费和损失；有一部分是为了追求时髦，追求政绩，认为只要合作办学就能提高品位、与国际接轨。

由于缺乏慎重考察、没有经验或出于利益因素，国内一些办学机构不论外方水平如何，一律接受，使国外一些三、四流学校进入中国，使"皮包学校"和"连锁学校"一度成为某些中外合作办学机构或项目的代名词，损害了中方学校的声誉和受教育者的利益。

### （四）忽视了有效管理和长效发展

它山之石，可以攻玉。在很多中外合作办学机构和项目的对外宣传中，常常可以看到大篇幅介绍某某学校邀请了某知名外籍专家前来讲学、某某学校的外方授课比例如何如何等，这也几乎成了教育外事管理人员政绩考核的重要指标。然而，当我们的教育人员一味地以外智——外籍专家和外籍教师的引进程度高来自诩其合作办学的质量好时，却忽视了引进外智后的有效管理和长效发展。

首先是有效管理，它是指通过管理以尽可能少的投入实现尽可能大的产出，做到物尽其用。现在有一些中外合作办学机构和项目虽然在外智引进的投入方面花了大气力、大价钱，但是收效不尽人意。这种情况跟中外合作办学机构和项目的低效管理有很大的关系，比如协调不畅，中方教育机构的各个部门之间缺乏合作，认为外智管理是外事部门的事，没有将外智纳入师资队伍的统筹管理；比如沟通脱节，外事部门一般只负责日常协调，对中方专业教师与外方教师学术沟通的协调很少，降低了外智的使用效能；比如简单引进，外智的教育教学活动有很大的自由性，教学内容和教学形式几乎由外方说了算，课程结构体系在整合中外教育资源的过程中难以体现以我为主、为我所用；比如保姆式管理，归口管理部门有求必应、缺乏约束，在一定程度上抑制了外智创造性的发挥，助长了自由散漫的工作作风。

其次是长效发展，它是指以发展的眼光做长远的部署，做到外智的可持续利用。现在很多中外合作办学机构对外智的利用是一锤子买卖，做了很多前期工作，邀请外籍专家来华做几场报告、讲几门课程。但是专家回国以后，很少有教师花精力去维持这种学术上的关系网络，忽视了外智利用的后期效应。

## 七、缺乏必要的高等教育质量保证体系

由于各国的教育制度有所不同，教育质量监督也存在差异。目前在高等教育服务领域尚未形成普遍认可的国际质量框架。全世界大多数国家，虽有教育质量保证和鉴定机制，但几乎都仅适用于本国教育机构的教育活动，对国外教育提供者不具备约束力。从局部看，建立这一框架的设想已出现，例如1999年发表的《博洛尼亚宣言》形成了欧洲范围的认证合作，但这种合作仅是区域性的，覆盖面有限。

这样，学生在接受高等教育中外合作办学或非本国教育提供者的教育服务时就不能确信所接受的教育质量如何，也不知道所获得的资格证书能否在劳动力市场上得到普遍的认可。这些将大大影响他们对高等教育中外合作办学的信心。现在越来越需要制定国际性的质量标准来补充高等教育中外合作办学的质量保证方法，提高高等教育中外合作办学教育市场的透明度，以免一些不具水准的课程和学校鱼目混珠，侵害受教育者的权益。

而在我国教育界，质量保证体系包括ISO9000质量管理体系认证还是一个很陌生的话题，国内至今还没有专门的教育行业的认证机构，只有屈指可数的几个学校通过了ISO9000质量管理体系认证。国内的教育机构如何在中外合作办学中通过严格学校管理程序和强化管理过程，使管理工作科学化、规范化和标准化，从而建立符合学校实际的质量管理体系，形成与国际接轨的管理模式，提高学校的国际竞争力，是中国教育服务机构所面临的重要课题，也是高等教育中外合作办学长久、健康发展急需解决的一个问题。

# 第四章　中外合作办学的政策法规

中外合作办学是在高等教育国际化的大背景下发展起来的,是我国教育的重要组成部分。中外合作办学作为一个政策性很强的办学领域,受到相关教育政策法规的影响较大。对此,研究中外合作办学的政策法规显得尤为重要。本章分为中外合作办学的相关政策、中外合作办学的监管体制两部分。

## 第一节　中外合作办学的相关政策

### 一、中外合作办学现行政策的内容

教育对外开放和中外合作办学的根本目的是发展中国教育事业以满足人民群众对教育不断增长的需求。中外合作办学已成为我国教育对外交流与合作的一种新形式,成为加快培养社会主义事业各类急需人才的新途径。《中华人民共和国中外合作办学条例》(以下简称《条例》)从法律上确定了教育对外开放和中外合作办学的成果,在立法上取得了积极的成效。

首先,明确了中外合作办学属于公益性事业,是中国教育事业的组成部分。从行政法规的角度给中外合作办学定性,这极大地提高了中外合作办学在整个教育事业中的地位。

其次,明确了国家对中外合作办学管理的方针,即"扩大开放、规范办学、依法管理、促进发展"。这也是推进中外合作办学发展、加强中外合作办学机构管理的根本指导思想。

最后,明确了国家重点支持和鼓励的方向、领域和层次,明确规定引进优质教育资源,鼓励在高等教育领域开展合作,鼓励与外国知名高校合作。此外,强调要切实保护中外合作办学者、中外合作办学机构和项目的合法权益。《条例》《中华人民共和国中外合作办学条例实施办法》(以下简称《实施办法》)在引进国外先进教育思想、教学内容、教学方法和管理经验,促进我国教育改革、加强人才培养、优化办学模式、提高教师水平和改善办学条件等方面起到了积极作用。

## （一）维护教育主权完整

教育主权是国家主权不可分割的重要组成部分，是国家自主处理本国教育事务以及独立处理与他国进行教育合作事务的权力，是国家主权在教育方面的具体体现，也是包容于国家主权之内的涉及教育事务的最终决定权。教育主权从内容上来说包括四个方面：教育立法权、教育投资权、学校审批权和教育监察权。

我国正式加入世界贸易组织后，在教育服务贸易领域做出了开放的承诺。因此，在加入世界贸易组织之初，维护教育主权就成为我国制定中外合作办学相关法规的一个重要出发点。《条例》和《实施办法》均是围绕维护教育主权制定的。

1. 规定办学性质与方针

《条例》第三条规定"中外合作办学属于公益性事业，是中国教育事业的组成部分"，使之与公办教育、民办教育共同组成了中国教育事业，明确了中外合作办学性质，丰富了中国教育事业的内涵，同时规定"国家对中外合作办学实行扩大开放、规范办学、依法管理、促进发展的方针"。

2. 规定办学原则

《条例》第五条规定："中外合作办学必须遵守中国法律，贯彻中国的教育方针，符合中国的公共道德，不得损害中国的国家主权、安全和社会公共利益。中外合作办学应当符合中国教育事业发展的需要，保证教育教学质量，致力于培养中国社会主义建设事业的各类人才。"第七条规定："外国宗教组织、宗教机构、宗教院校和宗教教职人员不得在中国境内从事合作办学活动。中外合作办学机构不得进行宗教教育和开展宗教活动。"

《实施办法》第十五条规定"违背社会公共利益、历史文化传统和教育的公益性质，不符合国家或者地方教育事业发展需要的"不予批准筹备设立中外合作办学机构。

这些都集中体现了我国维护教育主权的理念，确保了我国在开放高等教育市场过程中对国家主权和教育安全的保护。

3. 规定办学审批

《条例》第十二条规定："申请设立实施本科以上高等学历教育的中外合作办学机构，由国务院教育行政部门审批；申请设立实施高等专科教育和非学历高等教育的中外合作办学机构，由拟设立机构所在地的省、自治区、直辖市人民政府审批。申请设立实施中等学历教育和自学考试助学、文化补习、学前教育等的中外合作办学机构，由拟设立机构所在地的省、自治区、直辖市人民政府教育行政部门审批。申请设立实施职业技能培训的中外合作办学机构，由拟设立机构所在地的省、自治区、直辖市人民政府劳动行政部门审批。"

《实施办法》第三十六条规定："申请举办实施本科以上高等学历教育的中外合作办学项目，由拟举办项目所在地的省、自治区、直辖市人民政府教育行政部门提出意见后，报国务院教育行政部门批准；申请举办实施高等专科教育、非学历高等教育和高级中等教育、自学考试助学、文化补习、学前教育的中外合作办学项目，报拟举办项目所在地的省、自治区、直辖市人民政府教育行政部门批准，并报国务院教育行政部门备案。"

这些条款明确了各级政府教育行政部门对中外合作办学的行政审批权。

4. 规定办学管理

《条例》部分条款规定如下：

第八条：国务院教育行政部门负责全国中外合作办学工作的统筹规划、综合协调和宏观管理。国务院教育行政部门、劳动行政部门和其他有关行政部门在国务院规定的职责范围内负责有关的中外合作办学工作。省、自治区、直辖市人民政府教育行政部门负责本行政区域内中外合作办学工作的统筹规划、综合协调和宏观管理。省、自治区、直辖市人民政府教育行政部门、劳动行政部门和其他有关行政部门在其职责范围内负责本行政区域内有关的中外合作办学工作。

第二十一条：具有法人资格的中外合作办学机构应当设立理事会或者董事会，不具有法人资格的中外合作办学机构应当设立联合管理委员会。理事会、董事会或者联合管理委员会的中方组成人员不得少于1/2。

第二十五条：中外合作办学机构的校长或者主要行政负责人，应当具有中华人民共和国国籍，在中国境内定居，热爱祖国，品行良好，具有教育、教学经验，并具备相应的专业水平。

《实施办法》第四十条规定："中外合作办学项目是中国教育机构教育教学活动的组成部分，应当接受中国教育机构的管理。实施中国学历教育的中外合作办学项目，中国教育机构应当对外国教育机构提供的课程和教育质量进行评估。"

这些条款明确了中外合作办学的宏观管理、内部管理和办学监控等具体规定，彰显了中外合作办学的中国教育主权。

## （二）保护办学权益最大化

中外合作办学形式有中外合作办学机构和中外合作办学项目两种。《条例》第二条将"中外合作办学机构"定义为"外国教育机构同中国教育机构在中国境内合作举办以中国公民为主要招生对象的教育机构"。《实施办法》第二条将"中外合作办学项目"定义为"中国教育机构与外国教育机构以不设立教育机构的方式，在学科、专业、课程等方面，合作开展的以中国公民为主要招生对象的教育教学活动"。这明确了办学主体是中国教育机构、外国教育机构，招生对象为中国公民。

1. 规定保护学生权益

《条例》部分条款规定如下：

第三十二条：实施高等学历教育的中外合作办学机构招收学生，纳入国家高等学校招生计划。实施其他学历教育的中外合作办学机构招收学生，按照省、自治区、直辖市人民政府教育行政部门的规定执行。中外合作办学机构招收境外学生，按照国家有关规定执行。

第三十八条：中外合作办学机构的收费项目和标准，依照国家有关政府定价的规定确定并公布；未经批准，不得增加项目或者提高标准。中外合作办学机构应当以人民币计收学费和其他费用，不得以外汇计收学费和其他费用。

第五十二条：在中外合作办学机构筹备设立期间招收学生的，由教育行政部门、劳动行政部门按照职责分工责令停止招生，责令退还向学生收取的费用，并处以10万元以下的罚款；情节严重，拒不停止招生的，由审批机关撤销筹备设立批准书。

《实施办法》部分条款规定如下：

第四十一条：中外合作办学项目可以依法自主确定招生范围、标准和方式；但实施中国学历教育的，应当遵守国家有关规定。

第四十三条：中外合作办学项目收费项目和标准的确定，按照国家有关规定执行，并在招生简章或者招生广告中载明。

第四十五条：中外合作办学机构和举办中外合作办学项目的中国教育机构应当依法建立学籍管理制度，并报审批机关备案。

这些条款明确规定保护学生的切身权益，并在之后的《教育部关于当前中外合作办学若干问题的意见》《教育部关于进一步规范中外合作办学秩序的通知》《教育部办公厅关于开展中外合作办学评估工作的通知》等一系列文件中进行重申，确保了中外合作办学在有序的轨道上发展。

2. 规定保护办学主体权益

《条例》部分条款规定如下：

第四条：中外合作办学者、中外合作办学机构的合法权益，受中国法律保护。中外合作办学机构依法享受国家规定的优惠政策，依法自主开展教育教学活动。

第三十四条：中外合作办学机构实施高等学历教育的，可以按照国家有关规定颁发中国相应的学位证书。中外合作办学机构颁发的外国教育机构的学历、学位证书，应当与该教育机构在其所属国颁发的学历、学位证书相同，并在该国获得承认。中国对中外合作办学机构颁发的外国教育机构的学历、学位证书的承认，依照中华人民共和国缔结或者加入的国际条约办理，或者按照国家有关规定办理。

第三十七条：中外合作办学机构存续期间，所有资产由中外合作办学机构依法享有法人财产权，任何组织和个人不得侵占。

《实施办法》部分条款做出如下规定：

第四十八条：举办颁发外国教育机构的学历、学位证书的中外合作办学机构和项目，中方合作办学者应当是实施相应层次和类别学历教育的中国教育机构。中外合作办学机构和项目颁发外国教育机构的学历、学位证书的，其课程设置、教学内容应当不低于该外国教育机构在其所属国的标准和要求。

第四十九条：中外合作办学项目颁发的外国教育机构的学历、学位证书，应当与该外国教育机构在其所属国颁发的学历、学位证书相同，并在该国获得承认。

这些条款明确规定了保护办学主体的权益，有利于引进更多的优质教育资源，进一步推动中外合作办学的开展。

3. 规定保护教师和管理者权益

《条例》部分条款规定如下：

第二十八条：中外合作办学机构应当依法维护教师、学生的合法权益，保障教职工的工资、福利待遇，并为教职工缴纳社会保险费。中外合作办学机构的教职工依法建立工会等组织，并通过教职工代表大会等形式，参与中外合作办学机构的民主管理。

《实施办法》部分条款规定如下：

第二十四条：中外合作办学机构应当建立教师培训制度，为受聘教师接受相应的业务培训提供条件。

第四十六条：中外合作办学机构和项目教师和管理人员的聘任，应当遵循双方地位平等的原则，由中外合作办学机构和举办中外合作办学项目的中国教育机构与教师和管理人员签订聘任合同，明确规定双方的权利、义务和责任。

这些条款明确规定保护教师和管理者的切身权益，有利于调动教师和管理者的工作热情，促进了教师和管理者参与民主管理的积极性，进而保证了中外合作办学的正常进行。

### （三）强化本土实施，保障办学质量

《条例》部分条款规定如下：

第三条：国家鼓励引进外国优质教育资源的中外合作办学。国家鼓励在高等教育、职业教育领域开展中外合作办学，鼓励中国高等教育机构与外国知名的高等教育机构合作办学。

第三十条：中外合作办学机构应当按照中国对同级同类教育机构的要求开设关于宪法、法律、公民道德、国情等内容的课程。国家鼓励中外合作办学机构引进国内急需、在国际上具有先进性的课程和教材。

第三十一条：中外合作办学机构根据需要，可以使用外国语言文字教学，但应当以普通话和规范汉字为基本教学语言文字。

第三十五条：国务院教育行政部门或者省、自治区、直辖市人民政府教育行政部门及劳动行政部门等其他有关行政部门应当加强对中外合作办学机构的日常监督，组织或者委托社会中介组织对中外合作办学机构的办学水平和教育质量进行评估，并将评估结果向社会公布。

《实施办法》部分条款规定如下：

第三条：国家鼓励中国教育机构与学术水平和教育教学质量得到普遍认可的外国教育机构合作办学；鼓励在国内新兴和急需的学科专业领域开展合作办学。国家鼓励在中国西部地区、边远贫困地区开展中外合作办学。

第二十五条：中外合作办学机构应当按照招生简章或者招生广告的承诺，开设相应课程，开展教育教学活动，保证教育教学质量。中外合作办学机构应当提供符合标准的校舍和教育教学设施、设备。

第五十二条：中外合作办学机构和举办中外合作办学项目的中国教育机构应当于每年3月底前向审批机关提交办学报告，内容应当包括中外合作办学机构和项目的招收学生、课程设置、师资配备、教学质量、财务状况等基本情况。

第五十三条：审批机关应当组织或者委托社会中介组织本着公开、公正、公平的原则，对实施学历教育的中外合作办学项目进行办学质量评估，并将评估结

果向社会公布。

这些条款明确规定在中国境内实施的中外合作办学机构和项目必须遵循高等教育教学规律。在按照中国政策要求进行办学的前提下，大力引进和有效利用外国优质教育资源，实现"不出国留学"的人才培养模式；加强办学过程监控，建立质量评价机制，提高中外合作办学质量，提升国际化人才的培养质量。

### （四）兼顾公益性和营利性，允许合理回报

#### 1. 中外合作办学的双重属性

伴随着经济全球化进程的加快，中国教育不可避免地受到西方教育的冲击。构成世界贸易组织框架之一的《服务贸易总协定》，主要规定了缔约方在开展国际服务贸易时必须遵守的基本规则。根据协定的规定，具有一定资格的境外个人教育服务提供者应中国学校或教育机构聘用或邀请，可以来中国提供教育服务；除由各国政府彻底资助的教学活动之外，凡收取学费、带有商业性质的教学活动均属于教育服务贸易范畴。按照教育服务贸易目录，分为初等教育、中等教育、高等教育、成人教育和其他教育服务等。国际服务贸易包括四种不同的贸易提供方式：跨境交付、境外消费、商业存在、自然人流动。在四种服务贸易提供方式中，"商业存在"是指一成员方的服务提供者在另一成员方境内以商业机构的形式提供服务，如一成员方教育机构或公民在另一成员方境内通过设立附属机构，或在该成员方境内通过合资、合作的方式提供服务。中外合作办学显然是一种"商业存在"，但《条例》第三条规定"中外合作办学属于公益性事业"。

对中方来说，这些原则意味着在人才培养过程中既要坚持教育主权，又要成功地利用国外教育资源；对外方来说，则意味着他们实现了知识价值，得到了尊重并获得了合理回报。

#### 2. 中外合作办学合理回报合法化

《条例》第四条规定："中外合作办学机构依法享受国家规定的优惠政策。"《实施办法》部分条款规定更为明确：

第四条：中外合作办学机构根据《中华人民共和国民办教育促进法实施条例》的规定，享受国家给予民办学校的扶持与奖励措施。

第二十九条：中外合作办学者要求取得合理回报的中外合作办学机构应当从年度净收益中，按不低于年度净资产增加额或者净收益的25%的比例提取发展基金，用于中外合作办学机构的建设、维护和教学设备的添置、更新等。

第三十一条：中外合作办学者要求取得合理回报的，应当按照《中华人民共

和国民办教育促进法实施条例》的规定执行。

《教育部关于当前中外合作办学若干问题的意见》中明确指出："坚持中外合作办学的公益性原则。教育是以培养人才为根本目标的崇高的社会公益性事业。教育服务不是货物贸易，也不同于一般的服务贸易。要正确把握中外合作办学的宗旨和性质。坚决制止以中外合作办学的名义实行乱收费、高收费的行为，防止教育产业化的倾向。"这表明了我国关于中外合作办学公益性事业的目标定位，与教育服务发达国家把发展跨境教育作为追求经济利益的目标定位有着明显区别。为了促进中外合作办学的健康持续发展，必须在这两者之间寻找平衡点，使双方取得某种共识，使得中外合作办学的外方办学者既能获得合理回报，又能将这种回报控制在一定的限度之内。

中外合作办学允许合理回报，使其合法营利，极大拓宽了教育经营、教育融资和办学激励等方面进行制度创新的空间。从保护消费者利益的角度看，政府也可以通过相关法规对中外合作办学的税费水平进行控制、防止暴利和欺骗现象，从而推动中外合作办学的持续、健康发展。

## 二、中外合作办学现行政策的主要问题

经过多年的探索与实践，我国颁发了中外合作办学专门法律性文件、政策，尤其是《条例》和《实施办法》及相关衍生政策，初步形成了较为完善的中外合作办学法律体系。

中外合作办学大力引进国外优质教育资源，借鉴国外先进办学理念和方法，结合我国国情，进行教育教学改革，发展新兴学科和优势学科，培养国际化人才，增强我国大学在国际上的竞争力；同时，为地方经济发展、文化品位提升、国际影响力和综合竞争力的提高做出了贡献，促进了国际交流与合作的进一步深入和持续发展。然而在中外合作办学事业迅速发展的同时，也显现出一些突出的问题。

### （一）办学利益冲突严重

我国举办中外合作办学主要是为了引进国外优质教育资源，促进我国教育事业的发展，坚持教育事业的公益性原则，办学者获得适当的经济回报则处于次要地位，主要遵循价值理性的原则，追求其社会效益。鼓励中国教育机构与学术水平和教育教学质量得到普遍认可的外国教育机构合作办学，鼓励在中国西部地区、边远贫困地区开展中外合作办学，鼓励在国内新兴和急需的学科专业领域开展合作办学等。

外国教育机构更多侧重投资回报和经济利益，而中国教育机构更加侧重引进

优质教育资源。由于双方价值取向不一，所以在办学投入、质量保障、收费标准、合理回报、办学规模和教学方式等诸多方面都有分歧。外方付出较高成本来华办学，一是出于长远的战略考虑，包括政治文化影响和未来市场竞争；二是出于对现有教育市场的争夺，出于扩张教育资源的目的，多数是一种商业行为。比如，经济合作与发展组织中的部分国家（如美国、澳大利亚、新西兰、英国等）在本国生源不足、教育资源过剩的情况下，又受到经济危机的影响，因而主要以经济利益为首要考虑目标。这些国家将教育作为一种产品进行输出，实行"隐性教育倾销"，由此造成中外合作办学双方利益目标之间存在偏差，使双方在执行过程中形成冲突。

从实际执行情况看，中外合作办学机构或项目专业设置趋同严重，本科专业以经济学门类和管理学门类为主，高职、高专以财经类和电子信息类为主。此外，各级各类学校通常扮演政策执行者和目标群体双重角色，经常处于权衡整体利益和局部利益，国家利益、集体利益和个体利益的矛盾之中，影响了中外合作办学活动的正常开展。

### （二）办学监管机制缺乏有效性

《条例》及《实施办法》明确规定了对办学过程的监管，形成行政主管部门监管、社会中介组织评价、办学主体自律的体系。中外合作办学监管工作的核心是加强工作管理，提高办学质量，并立足于为社会和中外合作办学机构，特别是为中外合作办学的学生提供更有效的行政监督和服务。这对保证中外合作办学事业健康有序、可持续发展起到了积极的推动作用。在目前的教育行政体制之下，中外合作办学活动又涉及多个部门（教育部门、劳动部门、工商部门等）和众多国家，涵盖诸多领域和学科，覆盖除西藏、青海和新疆以外的28个省、自治区、直辖市。各级政府教育行政主管部门在资源不足的前提下，很难对全部的中外合作办学活动进行全程、有效的监督和管理。

我国社会中介评估组织的发展尚处于起步阶段，评估机构不健全，评估组织和程序、评估人员的专业能力与水平等尚不能满足评估工作的需要，评估结果的权威性与有效性能否得到教育主管部门、办学机构和社会的认同也是未知的，因此对中外合作办学进行评估、实施有效监管面临较多困难。地方政府教育行政部门对中外合作办学的监管相对宽松，存在"重审批、轻监管"的现象。同时，依靠办学机构的自觉行为来调适仍有困难，目前尚缺乏有效自律的现实环境。

中外合作办学正处于一个由粗放型向质量型过渡的时期，既是国外优质教育资源进入我国的战略机遇期，又是监管问题日益凸显的矛盾集中期。完善立法，加强政府能力建设，进一步规范、引导合作办学健康发展具有重要意义，这也是在中外合作办学中必须解决的重大难题。

### （三）办学审批与办学监管职能错位

《条例》第十二条规定："申请设立实施本科以上高等学历教育的中外合作办学机构，由国务院教育行政部门审批；申请设立实施高等专科教育和非学历高等教育的中外合作办学机构，由拟设立机构所在地的省、自治区、直辖市人民政府审批。申请设立实施中等学历教育和自学考试助学、文化补习、学前教育等的中外合作办学机构，由拟设立机构所在地的省、自治区、直辖市人民政府教育行政部门审批。申请设立实施职业技能培训的中外合作办学机构，由拟设立机构所在地的省、自治区、直辖市人民政府劳动行政部门审批。"《实施办法》第三十六条规定："申请举办实施本科以上高等学历教育的中外合作办学项目，由拟举办项目所在地的省、自治区、直辖市人民政府教育行政部门提出意见后，报国务院教育行政部门批准；申请举办实施高等专科教育、非学历高等教育和高级中等教育、自学考试助学、文化补习、学前教育的中外合作办学项目，报拟举办项目所在地的省、自治区、直辖市人民政府教育行政部门批准，并报国务院教育行政部门备案。申请举办颁发外国教育机构的学历、学位证书以及引进外国教育机构的名称、标志或者教育服务商标的中外合作办学项目的审批，参照前款的规定执行。"

这些条款明确了中外合作办学机构与项目的审批权限。而对于中外合作办学的监管，《条例》第八条规定："国务院教育行政部门负责全国中外合作办学工作的统筹规划、综合协调和宏观管理。国务院教育行政部门、劳动行政部门和其他有关行政部门在国务院规定的职责范围内负责有关的中外合作办学工作。省、自治区、直辖市人民政府教育行政部门负责本行政区域内中外合作办学工作的统筹规划、综合协调和宏观管理。省、自治区、直辖市人民政府教育行政部门，劳动行政部门和其他有关行政部门在其职责范围内负责本行政区域内有关的中外合作办学工作。"

我国高等教育实行分层分类管理。而中外合作办学管理则不然，部属高校的行政主管部门是教育部，中外合作办学审批则须先报省级教育厅批准后，再报送教育部批准。这种同时由省级教育厅及教育部监管，导致了多头管理；自上而下的管理，自下而上的交叉，出现了管理错位的现象。本科以下或非学历的中外合作办学机构或项目由省级教育行政主管部门或其他相关主管部门管理，而在工商行政管理部门登记注册的经营性中外合作培训机构、中外合作举办职业技能培训项目，则不受现行中外合作办学的政策限制，由此导致了政府规制失灵。

### （四）办学政策有待于进一步修订完善

中外合作办学政策与其办学实践比相对滞后，而且《条例》生效已多年，部分条款已无法适应教育发展的新形势。

《条例》及《实施办法》中，多处提及"参照相关法律"或"国务院有关部门制定"，但这些所谓"相关规定"缺乏明确性与时效性。相关法律、法规需要进一步完善，以减少"盲点"、增强可操作性，避免在实施中难以准确把握，乃至在事前审批、过程监督、事后评估和查处违法现象时依据不足、力度不够，出现政府不作为现象。中外合作办学的政策法规同样在"优质资源""合理回报""外国教育机构"等概念上存在着模糊现象。这需要充分利用世界贸易组织的规则，明确"合理回报"，积极发挥税收的调节作用，用好这一重要的经济杠杆。此外，对于引进"优质教育资源"的问题，何为优质的教育资源，相关的政策、法规也应加以界定。

《条例》的内容主要是规范中外在中国境内的教育合作，而对于中国的学校到国外办学的相关事项没有涉及，这不利于中外合作办学的"走出去"。此外，在西部地区中外合作办学的问题上，我国相关政策、法规相对滞后，并未制定优惠以及扶持政策。这些都急待修订完善。

### （五）办学政策意向与办学政策环境不配套

《条例》以"中外合作办学属于公益性事业""国家鼓励引进外国优质教育资源的中外合作办学""鼓励中国高等教育机构与外国知名的高等教育机构合作办学"为宗旨，但政策意向不等于政策环境。政策环境是由一系列的配套政策、法规、机制和机构等构成系统的，包括学历、学位互认协议，学历教育资格认定标准，税收、外汇的管理规定，面临纠纷时的法律仲裁程序等。审批难、时间长和程序烦琐是办学者的共同感受。政策环境不匹配或不到位，意味着中外合作办学的政策风险依然很大，从而抑制了其发展的动力，其"中国教育事业组成部分"的地位也不可能真正实现。

《条例》对中外合作办学机构的设立、组织与管理、教育教学、资产与财务、变更与终止及法律责任等都做了详细的规定。但是，有关中外合作办学的法规在表述上也存在着一些问题，如在中外合作办学中，关于营利性限制和合理回报的问题表述不明确，由于概念不清晰，在实施中也难以掌握和规范。另外，现有的法规中还有一些规定如"不得以营利为目的"的规定与世界贸易组织的规则不一致。

中外合作办学组织和实施过程涉及面较宽。管理职能不同的政府各相关部门，当前还缺乏完善的配套政策。在中外合作办学过程中，教育、人事、物价、银行、海关、民政等部门之间的协调和配合不够，缺乏必要的配套政策。例如，从中外合作办学形式上看，办学涉及外资的引入，如何将非营利性办学投资与纯商业性投资企业加以区别，需要外贸、教育和民政等部门制定统一标准；外籍教师的核准，多次出入境签证和长期居留许可，以及合作办学机构的学生出国继续学习所需材料的公证、审批等，同时涉及教育、公安、劳动和公证等部门；外汇支付外籍教师的工资，引进国外的教学仪器设备、软件，涉及教育、外汇、文化和海关等部门。因此，中外合作办学的配套政策尚待完善。目前相关行政管理部门职能分割，亟须必要的协调机制和有力的监督制度来规范中外合作办学活动，避免由管理机构互相推诿造成审批程序复杂、人为增加办学成本的现象发生。

## 第二节　中外合作办学的监管体制

### 一、中外合作办学的资质鉴定与管理

#### （一）资质管理的审批制和证书制

我国对中外合作办学的申请实施审批制，通过对合作办学者进行资质鉴定，以确保其具有相应的办学资格和较高的办学质量。

根据《条例》《实施办法》以及《中外合作职业技能培训办学管理办法》的规定，中外合作办学机构或项目根据实施教育内容的不同由教育行政部门或劳动行政部门审批。具体说来，实施职业技能培训的中外合作办学机构或者项目，由拟办学所在地的省、自治区、直辖市人民政府劳动行政部门审批；而其他的中外合作办学机构或项目则由教育行政部门进行审批和管理。

高等教育中外合作办学审批制实施的目的在于遏制资质不良的境外机构与国内不具备办学条件的机构违规办学，从而确保中外合作办学正确的办学方向；防止低水平重复建设，引进优质教育资源，保障受教育者的合法权益。为了更好地

实现这一目的，我国政府在中外合作办学的准入和办学审批中启用了办学许可证和项目批准书制度，对经审批的中外合作办学机构和项目分别颁发统一格式、统一编号的"中外合作办学许可证"或"中外合作办学项目批准书"。合作办学机构和项目在取得许可证或批准书后再到相关行政管理部门进行依法登记。办学许可证和项目批准书是中外合作办学机构和中外合作办学项目的中外合作办学者依法开展教育教学活动的凭证。

### （二）中外合作办学在办机构与项目的复核管理

对已经在办的高等教育中外合作办学机构和项目，教育部也要求各地教育行政管理部门进行复核，对不达标者依法严肃处理，撤销其中外合作办学资格。中外合作办学机构和项目的复核工作是规范中外合作办学活动的重要环节和举措，同时也是政策性很强的工作。复核评估工作实行属地化管理，由机构和项目所在地省级教育行政管理部门负责。各地教育行政管理部门可以采取材料审核、实地考察等多种方式对中外合作办学机构和项目进行复核。

### （三）资质信息平台的创建

为更好地鼓励、支持和促进国内教育机构与国外优质教育资源开展合作，教育部还通过相关网站向社会公布了美国、意大利、奥地利、比利时、泰国、保加利亚、匈牙利、俄罗斯、西班牙、乌克兰、波兰、埃及和菲律宾等33个国家1万多所学校名单，在国内外产生了很大的影响，得到国内外各方面的肯定，为高等教育中外合作办学中教育资源的资质鉴定和审核工作提供了信息帮助和支持。

## 二、中外合作办学教育教学的管理与质量保障

### （一）政策法规的规范性要求

按照《条例》和《实施办法》的规定，中外合作办学机构应当按照中国对同级同类教育机构的要求开设关于宪法、法律、公民道德和国情等内容的课程。国家鼓励中外合作办学机构和项目引进国内急需、在国际上具有先进性的课程和教材。

中外合作办学机构与项目应当根据国家有关规定，通过合法渠道引进教材。引进的教材应当具有先进性，内容不得与中国宪法和有关法律、法规相抵触。中外合作办学机构和中外合作办学项目的中国教育机构应对开设课程和引进教材的内容进行审核，并将课程和教材清单及说明及时报审批机关备案。

## （二）中外合作办学质量评估机制的构建

为进一步加强中外合作办学的规范管理，促进依法办学，提高中外合作办学水平和可持续发展能力，教育部下发了《教育部办公厅关于开展中外合作办学评估工作的通知》，组织开展中外合作办学评估。评估对象为根据《条例》和《实施办法》依法批准设立和举办的实施本科以上高等学历教育的中外合作办学机构和项目，以及实施境外学士学位以上教育的中外合作办学机构和项目。评估目的是督促中外合作办学坚持引进优质教育资源的法规原则和政策导向，增强我国教育机构吸收、利用和创新优质教育资源的能力，维护学生及其他相关主体的合法权益，推动形成办学者自律、社会监督、政府监管相结合的中外合作办学管理机制，逐步建立具有较广泛社会公信力的中外合作办学质量标准和保障体系。

评估采用单位自评与实地考察评估相结合的方式进行，具体程序和内容如下：

### 1. 自我评估

评估对象对照"中外合作办学机构（或项目）评估指标体系"，按要求在规定时间内完成自我评估，提交自评总结报告和相关数据信息，整理备查的教育教学管理文件及资料等。

### 2. 抽查评估

在自我评估的基础上，以专家会议或通信评议、实施考察评估的方式对自我评估情况进行初评。

（1）专家会议或通信评议

专家审查自评情况，同时进行评审；根据初评结果确定重点考察的范围和内容。

（2）实地考察评估

专家组对所确定的重点考察范围和内容进行实地考察评估，根据"中外合作办学机构（或项目）评估指标体系"，经过院（系）主管领导汇报、提问答辩，查阅教育教学文件及材料、考察教学环境及条件等，抽查毕业论文或报告，专家组听课，召开教师座谈会、学生座谈会、毕业生座谈会、毕业学生工作单位负责人座谈会等，完成对被评中外合作办学机构或项目的分项评价、总体评价及考察报告。

### 3. 评估结果利用

中外合作办学评估结果分为合格、有条件合格和不合格三种。评估结果将根据实际情况以适当方式向社会公布，接受社会监督，并反馈到办学单位，指导改进办学。教育行政主管部门根据评估情况对存在的问题依据相关法律法规，采取相应措施。同时，通过评估，发现办学质量好及效果突出的中外合作办学典型，大力宣传、借鉴好的办学经验，促进中外合作办学质量的提高。

## 三、中外合作办学颁发证书的管理

### （一）学位授予权的审批和管理

中外合作办学的学位教育具体由国务院学位委员会负责管理。在我国学位授予权方面，国务院学位委员会办公室在1996年发布的《关于加强中外合作办学活动中学位授予管理的通知》（以下简称《通知》）中就明确提出，依照有关规定获准实施高等学历教育的中外合作办学机构，经国务院学位委员会按照有关规定审核批准后，可授予相应的中国学位。申请授予中国相应学位的中外合作办学机构及其学科、专业，应当具备国务院学位委员会在各级学位授权审核工作中规定的相应条件。审核工作依照我国学位授权审核的规定和办法进行。未取得国务院学位委员会的授权，任何中外合作办学机构不得授予我国学位。

在境外学位授予权的审批方面，根据《中外合作办学暂行规定》，对于主要由外方合作者提供师资、教材、教学保障，中国国内急需而总体办学力量不足的专业，或是符合中国国内教育事业特定需要的专业，国务院学位委员会办公室可以批准仅限于该专业在中国境内举办授予境外学位的中外合作办学活动；参照这一模式，内地高校与香港特别行政区的高校合作办学，经核准，也可以授予香港特别行政区的学位。《通知》中又再次强调，除因特殊的需要并经国务院学位委员会批准，中外合作办学机构不得招收中国境内学生并授予境外学位。

自1994年起，国务院学位委员会办公室对高等教育中外合作办学授予国外或香港地区高校学历、学位证书开始了接案、审批工作。

### （二）学历、学位证书的认证与注册

开展高等教育中外合作办学颁发证书的认证与注册工作，是教育部建立中外合作办学颁发证书认证工作平台，切实加强对中外合作办学过程的行政监管，进一步规范中外合作办学学历、学位证书的颁发和认证工作，督促中外合作办学者提高办学质量，保护学生和办学者合法权益的重要措施。

根据《通知》规定，经国务院学位委员会办公室审核批准颁发的中外合作办学境外学位证书，必须按国务院学位委员会有关规定，经鉴定和注册后，在我国境内方能有效。教育部留学服务中心是教育部直属对国外颁发学历、学位证书进

行认证的机构。目前,教育部留学服务中心的认证范围已从鉴定留学生的海外文凭扩展到鉴定中外合作办学颁发的文凭。认证内容是颁发学位证书的国外机构的合法性和证书的真伪,为用人单位、学生升学和就业提供依据。因为教育部留学服务中心规定,只有到该中心备案的中外合作办学项目,中心才予以认证。由于认证不是强制的,有些学校便不来备案。由此产生的超计划招生、滥发文凭现象值得重视。

此外,教育部从2008年开始试点建立本科以上层次中外合作办学颁发境外学历、学位证书认证注册信息库。从2008年入学的就读于颁发境外学历、学位证书的合作办学机构和项目的学生开始,教育部留学服务中心可根据信息库提供的信息,对他们所获学历、学位证书进行认证。

信息库工程启动后,中外合作办学颁发境外学历、学位认证工作将主要分为三个部分,即办学单位颁发证书认证注册信息提交、学生个人证书认证申请和个人申请认证注册号查询。根据教育部规定,中方合作办学者要负责证书认证注册信息的收集,中外合作办学所在地省级教育行政主管部门负责审核。中外合作办学颁发境外学历、学位证书认证注册信息提交工作,应当在学生入学后的第一学期内完成。教育部将通过全国中外合作办学监管工作信息平台,开通中外合作办学颁发境外学历、学位证书认证注册信息查询系统,学生可凭本人姓名、身份证号码查询本人境外学历、学位证书认证注册序号等信息。教育部留学服务中心根据中外合作办学颁发境外学历、学位证书认证注册信息库提供的信息,对中外合作办学学生获得的境外学历、学位证书进行认证并出具相应的证书。该项工作的启动,将使中外合作办学境外学历、学位证书的认证工作得到进一步规范,使学位证书的整体质量和水平得到进一步提高。

# 第五章　中外合作办学的模式

中外合作办学在我国教育体系中占比不大，但作为"中国教育事业的组成部分"，它在培养社会经济发展所需要的国际化人才、促进教育体制机制改革和学科建设、服务国家外交大局、促进中外人文交流、提升我国教育国际影响力和竞争力等方面发挥着其他办学活动无法代替的重要作用。本章分为中外合作办学模式的划分、中外合作办学模式的特点、中外合作办学模式的优化三部分。

## 第一节　中外合作办学模式的划分

一般而言，办学模式是指举办、管理或经营学校的体制和机制的样式或范式。现代高校在其历史发展的过程中，结构越来越复杂，类型日渐繁多，形式趋向多样，职能不断增加。中外合作办学的出现，则更为我国的高等教育增添了鲜艳的色彩。

### 一、根据主体参与划分

就中外合作办学的合作者来看，参与高等教育中外合作办学的主要有中外政府、高校、企业、公司和其他社会力量。不同合作主体间形成了多种合作模式，归纳起来主要有三种。

#### （一）校校合作

校校合作即由中国的高等教育机构与其他国家或地区的教育机构在院校、学科、专业和课程等各个不同层面开展合作办学，如西安交通大学和英国利物浦大学合办的西交利物浦大学。在这种模式中，一般外方提供办学的课程设置、专业课和语言课教材以及证书，由外方学校派遣或招聘部分或全部专业和语言课教师；中方提供办学人员、办学场所、日常管理、基础课师资和证书。这种合作模式适应面广、可操作性强、合作方式多样灵活，具体又可分为高校与高校一对一合作、一对多合作等多种形式。目前，这种模式的高等教育中外合作办学最为普遍。

### （二）政府间合作

这种模式通常是由政府之间达成合作协议，共同出资开设中外合作办学机构或项目，如中欧国际工商学院就是由上海市人民政府和欧盟共同出资于 1994 年 11 月创办的中外合作教育机构。这种合作模式具有明显的政府推动性，在政策和资金上较易获得政府的支持和保障。

### （三）学校与社会力量间合作

学校与社会力量之间的合作既包括我国高校与境外公司、企业及社会团体和组织等之间开展的合作，也包括我国海外华侨、华人组织和社团以各种方式与国内高校开展的合作。如重庆大学和香港美视电力集团（控股）有限公司及美视（美国）广播电视公司合办的重庆大学美视电影学院、郑州大学和美国西亚斯集团公司及美国堪萨斯州富特海斯州立大学合办的郑州大学西亚斯国际学院、郑州大学与台北广兴文教基金会合办的郑州升达经贸管理学院、李嘉诚（海外）基金会与汕头大学合办的长江商学院等。这种合作模式的最大优点是可以直接吸纳国外公司或企业的大量资金，减轻合作学校在启动资金方面的压力。但这种合作项目也通常带有较为明显的营利特征，使办学动机变得比较复杂，给合作办学的管理和规范增加了一定的难度。如何在教育的公益性与资本的寻利性之间把握平衡是这种合作模式面临的一个关键问题。

## 二、根据教学形式划分

### （一）融合型办学模式

融合型是指将外方院校的教学模式与中方的教学模式相结合，进而运用到办学实际中。这种融合通常既包括教学计划、教学大纲和教材等方面的融合，又包括外方院校一些教学方法如课堂小组讨论、实践教学等的融合。这种在教学模式上进行吸收融合的办学模式不仅可以实现优质资源共享，推动教学的革新，还可以以相对较低的成本来培养我国目前社会急需的人才。这种模式在我国的合作办学中运用比较广泛。这种办学模式一方面在满足学生对国外优质教育资源需求的同时，减轻了家庭经济负担，避免了学生出国留学的不适应问题；另一方面对中方院校来说既可省中外合作办学的成本，又能学习外方先进的管理经验，培养教师学习新的教学方法，提高教师和学生的实践能力。

## （二）嫁接型办学模式

嫁接型办学模式是中外合作双方达成学分互认协议，学生可在各自领域内完成学业，达到双方的标准后获得双方院校颁发的毕业证书和学位证书。这种模式通常对学生的入学要求更为严格。对学生来说，在这种模式下他们可以直接接受国外的教学，而且在国外生活和学习能够锻炼他们自立自强的能力，培养爱国情怀和责任感。此外，国内国外双证书在一定程度上也有助于毕业生就业。

## （三）松散型办学模式

松散型办学模式是一种资源的双向流动。一方面聘请外教教学或举办学习讲座；另一方面选派本土教师赴外方院校进修、增长专业知识、学习教学经验，让学生进行短期交流和学习。这种办学模式在目前的中外合作办学阶段已比较少见。它是中外合作办学初期的一种探索，从整体上来说更易于操作，实践中的困难相对来说也较少。但是，它也有比较大的局限性，只会涉及一小部分的师生群体，且将学习经验充分运用到教学实际中的难度也比较大。

## （四）网络授课型办学模式

网络授课型办学模式是近几年随着互联网技术与教育技术相结合而逐渐发展起来的一种新型的、非传统意义上的办学模式，它是中方办学院校与外方合作院校达成协议，互相开放资源，学生通过互联网与外方教师进行互动的一种模式。学生可以通过网络查阅外方的资源，向教师提问、提交作业；外方教师通过邮件和视频等方式向学生传达教学内容，师生之间可通过网络进行学术探讨活动。这种办学模式减轻了办学在人力、物力和财力上的压力，让学生的学习时间安排相对来说也比较灵活。同时，这种模式对学生的自主学习能力和学习的自觉性要求也更高，所占比重将随着社会发展逐渐增加。但是，它并不适应于所有阶段的办学，更适合于成人教育。

# 第二节　中外合作办学模式的特点

## 一、办学主体呈现多元化

中外合作办学模式呈多元发展趋势，其多元化一方面表现在办学模式丰富上，另一方面表现在办学主体多元上。

从整体上看，中外合作办学是以政府为主导力量、中外双方合作协商、社会各方参与、高校自主运营的一种办学活动。与办学相关的有政府、中外方高校以及合办机构或项目和社会各方力量。政府的作用体现在：为高等教育中外合作办学提供办学信息和政策支持，并行使资格审批、办学评估与考察等行政监管权力。中外合作院校共同商定办学事宜，或设立理事会和董事会，或设立联合管理委员会，筹集经费、自主招生、自行安排教学管理，具有双主体的性质。

政府一方面在高校中外合作办学的审批上能够严格管理，把控准入门槛，多方面评估高校能否引进优质教育资源，开展中外合作办学活动；另一方面对高校的合作办学过程进行质量监管，并将相关办学信息向社会大众公布，为社会服务，保障中外合作办学的质量与社会效益。高校自主运营有助于高校结合自身特点，发挥办学优势，进一步提高办学效益，在一定程度上避免统一办学带来的弊端。中外双方协商能够有效地保障合作双方权益，避免出现涉及教育主权的问题。

## 二、办学方式呈现灵活多样化

招生方式和办学内容本土化。在招生方式方面，选择参加中外合作办学的学生也须参加中国的高考，进入选拔范围后，各合办机构再根据具体的标准来进行选拔。也就是说，除少数拥有自主招生权的机构外，大部分中外合作办学机构的生源依然来自高考。在办学内容上，很多办学机构都设有学生思想政治教育课程及学生党建管理部门，注重培养具有社会主义核心价值观的国际化人才。

办学理念和教学设置国际化。中外合作办学模式下的教学过程，在一定程度上吸纳了外方合作院校的教学模式、教学经验和管理经验。虽然教育资源来自双方合作院校，但大多情况下外方院校所占比重较多，如宁波诺丁汉大学，它的师资和教学资源全部都来自英国诺丁汉大学，国际化特征相当明显。

中外合作办学市场化。虽然，我国将中外合作办学定性为公益性教育事业，但是其市场化的特征依然明显。其中最能表现这一特征的便是办学机构的管理体系构成，即董事会下的校长负责制。这种管理体系市场化特征显著，将学校以企业的方式进行管理，其管理权相对较为集中。校长由董事会任命，对董事会成员负责，管理办学事宜。此外，在这种管理模式下的中外合作办学中，外方较看重经济利益和投资回报，在办学的专业设置、学费标准和财务运作等方面的市场主导性很明显。

## 第三节　中外合作办学模式的优化

高等教育中外合作办学模式的优化，有赖于政府、社会及高校自身的共同作用。其优化的具体目标是：从外部环境来看，一方面，制度环境能够支撑其发展，推动办学模式的丰富和良性发展；另一方面，社会环境有利于办学规范化发展，使合作办学能够在国际化人才培养、社会经济水平提升及促进我国国际化发展等方面起到推动作用。从高校自身内部环境来看，教学上，吸收国外精华，取长补短；内部管理体制上，借鉴国外大学成功的管理模式，如校董会制度、内部质量保障体系的构建等，从而引发我国对高等教育体制改革的一些思考。其优化的总体目标是：合作办学模式实现特色化发展，在模式选择上实现差异化，管理上实现分类指导，使办学与地方特色充分结合。要实现中外合作办学模式的优化可从以下几个方面入手。

### 一、学校方面

#### （一）加强内部环境管理

1. 构建管理体系

高校通过中外合作办学，在"中外结合，洋为中用"的过程中，可以充分学习和借鉴国外的先进经验，并结合自身的实际情况，构建中外合作办学的内部管理体系。学习国外"以学生为本、以学术为主"的教育管理体制，让董事会、理事会或联合管理委员会成为最高决策机构，将"决"和"行"分开，给院长及其领导团队充分的自主权，在董事会、理事会或联合管理委员会的决策框架下开展各项管理工作。学校的日常管理工作由相应的管理人员按相关的规章制度开展，力争使中外合作办学院校的小环境与国外接轨或差距不大。

对一个中外合作办学机构来说，可以设置以下管理机构：教学部、外事部、人事部、财务部、学生服务部、设施保障部和市场部等。教学部负责安排教学任务，确保合作课程和联合教学计划顺利实施。因为合作院校聘请了大量的外籍教师，对外交流活动频繁，外事部负责处理外籍教师的管理和服务工作以及为众多外事活动提供服务。市场部是中外合作院校的特色部门，是合作院校面向市场办学的人员和机构保证。

为保证合作办学机构或项目的高效运转，应向外方学习他们的管理方略，设置合理的岗位，明确各岗位的职责，理顺各部门之间的关系，设计清晰的工作流程。合作办学机构应提出自己的办学宗旨和人才培养目标，下属各部门要制订工作计划及预算情况，并按一定的时间节点检验工作成果和预算执行情况。

与外方合作学校的沟通渠道是否畅通是双方合作能否顺利、长久的关键。双方应建立一定的会议机制，并指定各自的联系人员。除董事会外，还可在项目操作层面，建立诸如教学管理委员会、专业合作工作组、试卷评估委员会、质量监控委员会和奖学金评审委员会等内部组织，由合作双方的相关人员参与，共同处理合作办学过程中的教学、质量和发展等问题，通过固定会议、邮件往来和电话联络等方式，加强双方对合作办学事务的交流。这样既保证了双方共同参与合作办学的运转，了解彼此的观念、制度和方法，又有利于中方学校在实践中学习合作方的管理理念和管理方式。

2. 加强师资和管理队伍建设

教师是高质量教育的宝贵资源。中外合作办学中的师资队伍由中国教师和外籍教师两部分组成。应确保外籍教师的数量和资历。外籍教师的数量须占教师总数的30%以上，其资历应得到外国教育机构和中国教育机构的认可，并符合国家的有关规定。

要注重对中方教师的培养，通过合作途径选送教师出国培训或与外籍教师共同任教，增强他们对西方文化、教育制度的了解，对合作方教学情况的了解，让他们学习国外课堂教学模式等，使他们成为合作办学师资队伍的主力军。

由于实行了新型的管理模式，合作办学机构还必须有一支高素质的管理队伍。在管理人员的配备和使用上，以精简高效、唯才是用为原则，坚持学历与能力相结合、学识与创造力相结合，为顺利开展各项工作提供保障。

3. 建设教学环境

高校要走向国际化首先要实现现代化。现代化的办学环境、现代化的教学设施有助于合作办学的顺利进行。合作办学院校将部分办学资金或办学结余用于改造教学环境、增添设备、营造优美的学习环境，为学生创造良好的学习生活环境，为中外教师提供一流的教学和办公条件。

### （二）构建国际教育平台

1. 高校应积极推进国际交流与合作

高校的国际交流与合作是高校健康发展必不可少的条件，国外优质教育资源的引进也是国际化人才培养可持续发展的必由之路。高校应慎重遴选境外优秀合作伙伴，加强优势互补，力争强强联合。借鉴国外知名高校的有益经验，学习国外先进的教学组织、管理理念和人才培养模式，调整人才培养目标和培养方案，改革教学内容、方法和评估体系，增强教师和学生对国外先进的课程体系、教材、教学方式的消化、吸收和创新能力，提高学校教育教学的国际化程度。

2. 高校应积极推进校企合作

高校传统的人才培养偏重理论研究和课堂学习，而国际化人才最需要的是复合型知识和动手能力、创新能力、实践能力的提高。为了强化实践能力培养，加强与相应专业的企业尤其是国际性的公司企业合作能起到重要的作用：一方面将企业主流技术和工程方法、先进的国际化竞争及管理理念引入教学实践中，学生通过在校内的学习实践提高能力；另一方面，鼓励学生积极参加暑期海外带薪实践项目、假期国外社会调研项目以及外派到企业进行实习，甚至到海外企业进行短期实习，通过校外的实战提高动手和实践能力。

3. 高校应搭建国际化教育平台

高校可以通过成立国际学院、国际交流中心等实体搭建国际化教育平台，最大限度实现资源的统一吸收、本土化整合利用以及增强辐射作用。在资源吸收方面，平台实体可以采用中外合作办学、学术交流、学生交流、引进外国专家学者以及国际科研合作等各种途径，开展多元化、多层次、多形式和全方位的国际合作与交流，多渠道引进利用优质教育资源；在本土化整合方面，平台实体要根据国情和高校实际，对引进的资源进行整合与本土化。比如，针对课程特点和学生年级，对引进的教材、教师、教学模式、实验内容、辅导方式和考核方式做一定的整合利用；对语言能力较弱的低年级学生，可以采用中国教师双语授课的方式，夯实学生基础知识，而不是全盘引进。另外，国外一些先进的教学管理平台和学生管理理念，如小班授课教学方法、教学过程和教学质量评价方法等，也需要结合高校实际使之本土化；在增强辐射作用方面，通过国际化教育，促进带动教师联合培养、学科建设、国际科研合作以及理念对接，提高全校师生的国际化意识和素养，形成良好的国际化氛围，促进国际化人才培养。

（三）创新学校运行机制

1. 树立新型办学理念

（1）教学理念

创建新型的教学主体关系，妥善处理教师与学生之间的关系。落实民主、和谐师生关系这一理念在教学实践中的运用。①在一切教学过程中，教师与学生是具有平等地位的独立主体，教师不仅要为学生传授知识，成为学生学习上的合作伙伴，更要做学生人生的领路人，接受学生的合理批评与建议，尊重不同学生的特点，积极与学生进行情感交流和沟通，了解不同学生的真正需要。②师生之间形成合作互动的关系，教师在课堂上积极打造思考和平等对话的平台，使师生之间形成相互影响、双向作用的良性模式，建立师生共同成长的和谐融洽关系。

（2）管理理念

在管理过程中，管理者互相尊重对方的主体地位，为各主体发挥自身作用营造平等、友好和高效的合作环境。①合作双方主体商议制定合作规约，共同遵守、互相监督。②双方要加强沟通与交流，互相尊重、互相学习，接受彼此在办学传统上存在的差异，取长补短。③双方地位平等，共同解决合作过程中的矛盾与问题。

2. 优化教学管理

学校应引进整合国外优质的课程和人力等教育资源，强化学生的实践能力，提高学生的英语语言能力、跨文化沟通与协作能力和国际项目管理能力，强调科学教育和人文教育的有机融合，以实现为我国社会主义现代化建设培养高素质、国际化人才的目标。

（1）建立先进的教学模式

中外合作办学的教学有它的特殊性，因此建立先进的、符合中外合作办学模式发展目标的教学模式是优化教学管理的关键。

（2）加强教学团队建设

中外合作办学的教学团队既包括中方师资，也包括一定数量的外籍教师。要实现学校内部机制的创新发展，培养一支专业素质高、职业素养强且能与中外合作办学教学岗位相匹配的高水平师资队伍是关键。首先，要规范教师聘用程序，制定合理聘用标准，根据学校的实际情况聘用教师，严格考核，公平选拔；其次是针对中外方教师的不同特点进行管理。

（3）创新教学管理制度

中外管理主要针对教学质量标准、过程监控进行协调管理，对于外教授课，应成立外教教研室，负责外教的协调安排。学校采用完全学分制，引进研究型教学管理模式，试行"助教"制度，加强教师对学生的教学辅导和答疑，提高学生的学习效率。

（4）完善教师工作制度

学校要完善教师工作制度，制定教学质量与教学工作的激励机制和导向政策，把教师承担教学工作的业绩和成果与聘任教师的职务和津贴挂钩。学校还应通过建立科学的教师教学工作评估体系，调动教师的工作积极性；聘任教学督导，突出教学督导在教学质量监控的职能作用，促进教学质量稳步提高。

（5）引入学生管理机制

建立有利于创新人才脱颖而出的评选指标体系，包括招生的选拔标准、三好学生的评选标准、各类奖学金的设置和评价标准等。实施多元化的评定方法，重视对学生的发展性评价，通过评价提高学生的素质。

3. 促进办学制度创新

现代经济是以知识为基础的经济，经济全球化已是一个不可逆转的趋势。中国的经济将以更加开放的姿态，全面融入国际社会发展主流。而这必然靠人才来支撑，因此摆在我们面前的是要造就一支高素质的人才队伍，培养一大批具有国际意识、国际知识和国际交往能力的人才，培养一支能游弋于世界各种领域而得心应手、具有排除各种险恶能力的人才队伍。因此，高等教育国际化是经济全球化的必然结果。

当今，世界发达国家和发展中国家的最大差距是知识理念上的差距，即科技水平和公民受教育程度的差别。面对来自国际方面的种种挑战，当务之急是抓住教育国际化的机遇，迅速培养出一支骁勇善战、运筹帷幄、具有全球视野的优秀科学家、教育家和企业家队伍。要做到这些，我们必须进行制度创新，促进中外合作办学的发展。

## （四）转变高校办学方式

1. 开放办学空间

高校在国际化人才培养过程中，首先要积极推进教育国际化战略，转变高校办学理念，积极走出去，主动请进来。在开放办学过程中，学校以人才培养实验区建设为平台，依托可靠的合作伙伴和校外资源，采用开放性的人才培养模式，通过引进名校名师、优课好书，使中外课程体系相融相通，有力保障专业学科知识的先进性。学校通过加强与国外高等院校和大型企业的交流合作，加强与国内地区和企业的交往，采用多种形式的"跨境"和"跨校"学习，丰富"开放式"的办学模式，探索出一套行之有效的开放办学操作方法。

### 2. 突出国际化教育培养特色

（1）创新思想政治教育体系

①创建思想政治体系新平台，加强爱国主义教育。

经济全球化使各种文化和价值观涌入国内。国际化人才用什么样的思想、什么样的道德价值观来武装自己，将面临很大的挑战。一个国家、一个民族如果没有现代化，没有先进技术，一打就垮；而如果没有优秀的历史传统，没有民族精神和人文精神，不打自垮。

因此，高校要为努力培养既有全球视野、国际意识，又胸怀祖国、具有勇担责任和追求卓越品质的国际化人才而奋进。在现代思想政治教育课程体系中，合作办学更应注重思想政治课程体系新平台的建设，重视对学生爱国主义情怀的培养。

②跟进党建新领域，建立"在线"党支部。

随着高校国际化办学规模的不断扩大，学生党员进入境外院校学习后，党组织往往不便于进行严格而细致的培养教育，学生就有可能放松对自己的要求。况且部分学生在入党之后在国外求学，党组织很容易忽视学生后续的学习和教育。

对于上述情况，党组织要创造条件，努力研究学生党建工作新问题，不断拓展解决问题的新思路，主动解决党建工作新问题，积极推动党建工作载体的创新。如学院积极借鉴学生管理工作的经验，让学生党建专人负责、师生积极参与；建立"在线"党支部、学生党员微信群和邮件定期沟通机制等，要求党员务必在思想、学业和工作等方面起到先锋模范作用。

（2）创新语言培养模式

通过创新语言培养模式，建立独立的语言培养环境。学校可以分阶段、有步骤地实现学生语言应用能力的逐步提升，帮助学生通过语言关。要通过增加国外文化认知等类课程，提高学生的文化认知能力。要通过外教参与管理，聘用国外高校高年级的实习生参与学生活动，依托留学生开展文化沟通与交流活动，使学生实际参与文化沟通和交流活动，极大提高学生的国际化人文素质。

（3）提升学生英语应用能力

在国际化应用型人才培养过程中，注重对学生"4E"能力的培养，即英语应用能力、跨文化认证能力、情绪管理能力和团队合作能力，主动开展原创英语电影节、英语创意活动和学生论坛等英语类原创活动，提高学生的主观能动性，锻炼学生的组织、协调和创新等多方面能力，使学生寓学于乐。

（4）进行校园文化建设

校园文化建设是社会主义核心价值体系大众化的一个重要载体和实现途径。进行传统文化建设，首先需要树立马克思主义的指导理念，以及校园文化建设四大核心理念——时代精神理念、民族精神理念、理想信念和思想文化教育理念为内容，以各种学术讲座、学生论坛、学生活动和社团活动为载体，繁荣校园文化生活，使社会主义核心价值观融入校园文化建设。

## （五）进行跨境学习全阶段监控

经济全球化背景下，高等教育需要实现国际化。高校需要培养国际化人才，就必须立足科学发展、多样发展和可持续发展。学校为提高人才培养质量，对跨境分阶段学习进行全过程监控：一是境内阶段，纳入学校质量监控体系；二是境外阶段，归属境外院校教学管理系统；三是境内外监控双向监督，重塑高等教育质量观。

### 1. 学生管理质量保障体系

（1）创新学生能力培养体系，保持四个"不断线"

在学生能力培养过程中，坚持英语应用能力培养"不断线"、文化认知与跨文化沟通能力培养"不断线"、专业实践能力培养"不断线"、创新能力培养"不断线"，将英语、专业、能力和文化融入整个培养过程中。具体做法为：分年级按层次进行培养。

一年级：主要进行公共基础课程教学，聘任外教加强对学生语言应用能力的培养，同时学习专业基本知识。

二年级：开展基础课程教学。此外，增加双语课程，扩大学生专业词汇量，提高学生的跨文化认知课的比例，鼓励学生积极参与各级各类实践活动。

三年级：增加外国专家授课，增加专业实践环节，培养学生的创新能力，开展协作训练，提供短期国外交流和互访，提供出国学习的机会。

四年级：第一学期，开展顶岗实习，提供实践机会，让学生互访和留学或到企业进行实习。第二学期，学生开始进行毕业设计，申请读研、读博或者联系国内外公司，为自身就业、创业和深造做准备。

（2）规范跨境学生规章制度，完善学生长效管理

在学生日常管理过程中，通过制定《中外合作办学培养方案》《中外合作办学学生管理办法》等规章制度，使学籍管理、奖学金评定和本校学历（位）证书的获取等方面比较规范和高效；在跨境学生日常管理方面，通过开展境外学生返

校日活动，与国内学生互相交流，对接境外学业；在境内、外学生培养方案对接方面，通过在学院网站设立所有专业的境内、外培养方案，使学生在国内就知道国外的学习课程，让课程无缝对接。

2. 教学管理质量保障体系

在教学管理质量保障体系建设过程中，学校始终坚持质量首位，践行全程监控。学校要制定教学质量与教学工作的激励机制和导向政策，把教师承担教学工作的业绩和成果与聘任教师的职务和津贴挂钩，并通过建立科学的教师教学工作评估体系，调动教师的工作积极性。

## （六）推动特色模式办学

当前，我国高等教育中外合作办学模式类型多元，多样性、开放性和灵活性兼具。办学模式走特色发展道路，一方面符合高等教育发展的基本规律和高等教育国际化的内在要求，另一方面也是缓解目前办学发展活力不足带来的一系列问题的有效途径。要实现办学模式的特色化发展，需从以下几个方面着手：

1. 分类管理

中外合作办学实行分类管理，可以借鉴英国的分类管理经验。英国对国内跨国高等教育项目的分类管理以其办学性质为标准进行划分，分为营利性办学项目和慈善性办学项目，从而实行分类管理策略。对两类办学项目的相关管理问题如税收、评估等分门别类进行管理，在保护国家利益的同时激发外资办学的积极性。

我国的高等教育中外合作办学，可以在现有的独立机构、二级学院和项目的基础上再做进一步的分类，从而实现更高效的管理。可根据颁发学位证书的不同，对办学进行分类管理。如在管理团队的构成上，颁发中方学位证书的团队人员应以中方人员为主，以外方人员为辅，管理体系借鉴国内大学体系模式。颁发外方学位证书的团队人员应在符合比例要求的基础上适当向外方倾斜，管理体系的构建在考虑实际的基础上尽量多融入外方的管理理念、方法和模式。也可以根据中方合作高校的办学水平进行分类管理，如整体办学实力较强的高校，应对其在合作方的选择和合作办学层次上进行高要求，合作对象必须是国外一流大学，合作办学层次优先考虑硕博层次的合作等；对普通高校而言，在合作对象的选择上不必局限于一流大学，应注重合作对象与自身学科、专业发展的契合度。

无论是以什么为依据进行分类，办学模式要实现发展。高校有分类管理的意识很重要，管理效率提高了，办学模式才能有优化发展的空间。

2. 突出特色

（1）办学定位要与地方发展相契合

高等教育中外合作办学应将"服务社会"作为其重要职能之一，办学模式紧紧围绕地方社会发展需求，从而实现合作办学为地方发展提供服务、地方在政策和资源上为合作办学提供扶持、反哺合作办学的良性发展态势。合作办学可从两方面着手实现与地方发展的契合，一是政策响应，二是人才培养。

在政策响应上，合作办学应准确把握地方发展战略，争取办学与地方发展战略协同发展，理论上可通过与地方政府的联系，实践上可通过办学活动推动地方发展。

如目前苏州的中外合作办学模式，就是在响应苏州"国家创新型"城市的过程中发展起来的。苏州要发展国家创新型城市，面临的主要挑战便是智力支撑薄弱，高水平大学与国家级研究机构少，创新载体与人才缺乏。在这种情况下，苏州的中外合作办学选择了建立创新区的办学模式，以独墅湖科教创新区的建设为工作重点推动发展。目前，该区是我国高等教育国际化合作模式种类最齐全、中外合作高等教育心理体系最完整的区域，为城市的发展提供了重要的智力支撑。

在人才培养上，建立高质量的人才库，为地方经济社会发展做贡献，如上海的高等教育中外合作办学。上海是我国经济产业发展的"龙头"，其对人才的需求非常大，在这种现实需要下，上海大多数的合作办学均采用"4+0"模式，即学生不出国、学业全部在国内完成、人才培养"落地生根"，为上海在经济发展方式与产业模式转型升级提供国际化创新型人才，推动了上海经济的发展。

（2）发挥自身优势的带动作用

高等教育中外合作办学要培育自己的优势，并将优势扩大化，提升办学吸引力，从而增强办学竞争力。可从学科建设上着手，发挥优势学科带动作用，也可借助地理位置、地方资源培育自身优势。如云南的中外合作办学就充分抓住了地理位置优势，发展迅速，发展势头良好。

云南位于我国西南边陲地区，周边毗邻国家众多。虽然云南的高等教育水平在我国并不突出，但是省内高校凭借地缘优势成为我国中外合作办学"走出去"的领头军，与周边南亚、东南亚国家开展合作，办学涵盖了专科、本科和硕士三个层次。云南师范大学和昆明理工大学还分别在马来西亚和老挝开设了境外项目，充分发挥了"国门窗口"的地理位置优势。

（3）办学模式选择差异化

高等教育中外合作办学应根据自身实际与发展目标选择办学模式，实现办学模式差异化发展。如宁波诺丁汉大学的中方合作院校浙江万里学院是一所普通的二本院校，办学实力与办学条件一般。因此，其在借鉴英方高校行政管理体制机制的基础上，以现代大学制度为指导设计新型组织架构模式，而在教学上，则整体引用英国诺丁汉大学的教学资源。事实证明，这种办学模式的选择是成功的，宁波诺丁汉大学经过多年的发展，其办学效果有目共睹。再如，马来西亚的跨国高等教育合作。马来西亚自身的高等教育水平并不高，在与国外大学的合作中，它以国际课程合作与国外大学在本国设立分校的模式发展跨国高等教育，在提升本国教育实力的同时增加教育资源供给，高效利用一流大学的教育资源，缓解教育资源不足的同时带动了本国跨国高等教育的发展。目前，马来西亚的跨国高等教育发展前景良好，已逐渐由跨国高等教育输入国向输出国转变。

因此，在高等教育领域，要开展合作办学，办学模式的选择应避免单一性与效仿性，在充分考虑自身实际的基础上选择办学模式，实现差异化发展，提升优质资源的利用率，推动高等教育中外合作办学长远发展。

## 二、政府方面

### （一）创设良好外部环境

1. 提供政策保障

（1）政策更新要及时全面

目前，中外合作办学相关政策法规主要以《中华人民共和国中外合作办学条例》《中华人民共和国中外合作办学条例实施办法》（以下分别简称《条例》《实施办法》）为主。政策法规的颁发滞后于办学事实，使得我国外部监管起步较晚，缺乏政府的有力监督，在办学实践、办学效益和管理水平等方面还存在政策上的监管不足。因此，政府应及时弥补完善相关政策，对出现的新情况和新问题第一时间做出反应、积极处理。在制定政策的过程中，应秉着维护我国教育主权的原则，借鉴国外成功经验，根据实际发展情况调整政策法规。同时，政府也要加强对办学机构与项目的财政支持，可先使公共财政惠及部分办学突出的机构或项目，再根据我国的实际逐步扩大到中外合作办学的财政资助，从而在增加中外合作办学公益性的同时激励其他办学机构和项目的办学质量得到有效提升。

（2）适当调整政府管理职责

一方面，要以政府为主导，高校配合做好中外合作办学面向社会的信息公开，一定程度上增加学校争取资源的优势。在现有信息公布平台的基础上增加办学活动与社会互动，可由政府牵头，组织中外合办高校参加一些社会活动，加强宣传，提高学校的知名度；通过政府的带头宣传，密切中外合作办学与社会关系的同时，还有助于增进学生与家长对中外合作办学的了解，保障办学的稳定发展。

另一方面，政府要起到参谋与监督并重的作用。增加决策部门的实践活动，使其在充分了解办学实际的基础上为高校提供参考意见。同时，政府要把握纲领性的准则，监督办学，对不合规范的机构和项目进行强制整改，积极构建第三方监管体系使其不断完善并运行。

2.严格管理措施

（1）制定认定细则和提高对中方要求

一方面，政府要制定引进国外优质教育资源认定细则，为国内参与合作办学的院校在选择国外合作对象时提供可参照的依据与标准。"优质"的具体含义，包括国外合作高校的办学层次、师资力量、研究水平和国际排名等须达到一个什么样的标准，国外合作对象在办学理念、办学方向、专业设置等方面是否与国内合作院校相匹配。只有这样，才能在一定程度上从源头减少影响中外合作办学质量的不利因素。另一方面，政府要提高对国内参与中外合作办学院校的要求，对其国际化水平、办学理念和合作内容等方面进行审核，确保其在硬件设施和人力资源上有足够能力进行合作办学，且合作办学内容能够产生一定的效益，如国内各行业优秀人才的培养、地方经济发展水平的提升和国家政策的响应等。

（2）拓宽考察内容

在严格现阶段中外合作办学行政审批的基础上加强对国外合作对象的考察，考察期可适当延长、考察内容可适当增加。如：国外合作对象是否能够提供一支稳定的、高水平的师资团队来合办院校（项目）执教；在课程设置和教材提供等资源分配上能否合理安排合办院校（项目）的资源等。很多外方院校，办学实力雄厚、师资结构合理、办学发展良好，但是在开展合作办学方面，执行力不高、无法保证合作的顺利展开。如：在师资派遣上，由于主客观原因，能够派来中国执教的教师相当有限；在管理上，教学管理者对中国的教育现状和国情了解有限，导致课程设置不合理等。因此，政府应该在考察过程中多方面考虑影响合作办学稳定、长远发展的因素。

## （二）加强办学监管

1.通过立法确定中外合作办学的设立标准和评判标准

政府对中外合作办学的审批权主要体现在中外合作办学机构设立的"裁判

权"。《条例》对中外合作办学的设立只提出"申办报告""合作协议""资产来源""资金证明"等文书材料,对国外教育机构所提供的教育资源的质量没有任何水平或技术方面的规定,由此造成审批工作的主观性、随意性和盲目性较大。政府对这些机构所提供的各种课程和专业等项目缺乏必要的质量审核,使审批工作处于严重的信息不对称状态,无法真正行使政府的审批权,无法保证合作办学机构的教育能力及其所提供的教育服务质量。因此,量化标准的设立是合理审批的当务之急。

我国政府对中外合作办学的审批权还体现在对外方合作高校学历、学位教育资格的审批上。尽管国务院学位委员办公室已经于1996年下发了《关于加强中外合作办学活动中学位授予管理的通知》,但是,"授予境外学位的中外合作办学活动,外方合作者在合作办学的专业必须具备其本国政府承认的学位授予资格,并且在该专业的师资、教材、教学设备等方面达到了国际先进水平或具备明显优势,教学效果好,且在国际上具有较高的声誉",这样笼统的规定和模糊的标准,既无法将所谓的"野鸡"大学拒之国门之外(它们也有本国政府的学位授予资格),也不能通过严格的指标体系,客观、公正地将真正优秀的合作办学机构和项目筛选出来。因此,国家需要以立法的手段设立评判标准把国外优质大学凸显出来,为中外合作办学服务。

2. 以法律的形式规定建立一整套质量监控体系

除了为把好审批关设立必要的质量标准之外,在中外合作办学过程中,也需要建立一整套的质量监控体系,保障合作办学按预期目标顺利进行。《条例》中没有对运行中的监管做任何规定,也没有任何指标体系的建议。国内目前只有上海等几个城市在尝试对合作办学进行年检,并初步建立年检制度,定期表彰一些成功的办学项目,向社会媒体公开不合格的办学机构和项目。这些工作和尝试为以法律的形式制定质量监管制度、建立质量监管体系奠定了一定的基础。

为此,应建立由政府部门、社会非营利性评价组织以及中外合作办学机构自身等组成的多位一体的中外合作办学质量评价和监控体系,有制度、有步骤、分层次地对我国已经开办的中外合作办学机构和项目进行监控和评估,建立质量控制的预警机制,及时发现问题,解决问题,制止并淘汰一些危害教育消费者利益、损害中外合作办学声誉的办学机构和项目,积极鼓励和大力支持遵纪守法、效率高、效益好和效果佳的机构和项目。

3. 以法律的形式规定建立透明的社会评价体系

如果说我国目前对中外合作办学的管理仅仅体现在政府的行政审批方面的

话，那么现实情况是政府的监控权和社会的评价权仍处于法律缺位状态。政府的监控在很大程度上依赖于社会非营利性评价组织的技术评价结果。目前合作办学的行政监管无力，而且体系过于封闭，不能有效地推进社会教育评价体系的建立，也无法有效利用社会评价体系提供的信息，因而严重限制了市场机制对教育服务供求关系的调节，不利于公平竞争的教育市场的形成。随着我国不断对外开放，政府角色、政府管理的作用范围和方式也将逐步转变。

例如，政府可以变目前中外合作办学的审批制为备案制。政府的监管职能可以越来越趋于行政性职能，其专业性监管职能逐步转移给非营利性评价组织。这样将合作办学监管中的专业性工作与行政性工作分开，有利于使政府的行政行为透明、公开，更有力地保证政府准确高效地执行相关法律。而非营利性评价组织建立在社会公众和专业人士的认可基础之上，所以，与政府相比，其与社会公众和专业人士的联系更为紧密，信任度也更高。社会公众以及专业人士的意见和对合作办学的质量评价，直接影响非营利性评价组织的质量标准和评价结果。

因此，从专业角度（非政治角度）来说，建立透明、客观和公正的社会评价体系是对政府行政监管的有力支撑。政府行政监管尺度的设定依赖于非营利性评价组织所提供的评价标准。

4.通过立法规范中外合作办学的监管模式和流程

政府的教育行政部门负责中外合作办学的质量监管，但教育行政部门的概念不是指一个或几个少数部门，而各级政府的教育行政部门数量多，不利于保证对法律理解、解释和执行的一致性。

目前，由于缺乏对中外合作办学的监管法治，各级政府教育行政部门对现有法规的理解差异性大，所以容易造成无监管或监管无力。中外合作办学中普遍存在层次偏低、专业单一和区域集中等问题。因此，我们呼吁立法规定政府教育行政部门的监管模式和标准流程，使各级执法者有法可依。

# 第六章 国际化人才培养的现状

近年来，我国一直在国际化人才培养方面进行大量的积极探索。高校和研究机构积极开设国际化人才培养相关专业，为系统地建设国际化相关专业奠定良好的基础。但是总体上，国际化人才培养还存在一些问题。本章分为高校国际化人才培养的问题和高校国际化人才培养存在问题的原因两部分。

## 第一节 高校国际化人才培养存在的问题

### 一、国际化培养目标定位不准

在我国高校国际化人才培养活动中，目标定位仍显得不够准确。一方面，高校的教育管理者对国际化人才概念的理解不到位，使高校对什么是国际化人才和怎样培养这类人才存在疑惑。另一方面，由于高校开展国际化培养时间晚且周期短，劳动力市场对这部分人才的认识也比较模糊。社会整体对高校教育在这类人才的培养层次和毕业去向方面没有足够的引导。

因此，这就导致了高校无法准确地定位国际化人才培养目标。在具体的教学活动中，高校在专业的设置、课程内容的编排、教学手段的运用等方面相对较陈旧与保守。这使得国际教育人才培养模式出现了很多困难，最终培养出来的人才不能有效地服务于国际化企业，也无法满足国际劳动力市场对高层次技术人才的要求。

### 二、国际化专业设置有待完善

在专业设置上，高校在学院的优势专业上往往投入的国际化教育资源要多于其他专业，试图通过优势专业的国际化发展带动院校的发展，但是过分依赖优势专业的发展而忽视其他专业，会导致高校国际化人才培养模式出现不公平的现象，主要是对其他非优势专业学生不公平。

一方面是机会不公平，高校开展的国际化人才培养活动多集中在优势专业，那么其他专业的优秀学生在能力的培养、知识的拓展和技术的精深等方面就无法享受同那些优势专业的同学一样的国际化培养机会。

另一方面是结果不公平，由于非优势专业得不到优势专业那样的国际化投入，所以非优势专业的学生在毕业时无法获得像优势专业学生那样丰富的学习经历，导致了他们在就业时不够自信，无法在国际化的企业中获得技能岗位。

## 三、国际化人才培养体系不完善

大学生国际化培养必须有合理配套的培养体系。高校针对国际化培养要有一些具体的、可操作性的做法，如开展讲座、与国外高校联合培养等方式。这些方式在人才培养上具有一定的现实意义。但是，由于高校相关组织和部门在协调方面有所欠缺，在实际工作中无法相互配合，这就对国际化人才培养活动的进一步展开造成影响。

### （一）大学生国际化培养形式单一

绝大多数大学生都希望通过国际化培养来提高自身的综合素质和竞争力，但我国高校学生培养模式受传统教育思想、观念以及计划经济体制时期人才培养传统做法的影响，目前只存在开设外国语课程、聘请外国专家和知名学者为客座教授、开展学术讲座等培养方式，还未形成一套规范的培养体系。

### （二）培养活动不符合学生实际需求

研究表明，发达国家均是站在本国国情与实际视角，充分吸收与借鉴他国的经验，将学生的自身需求融汇其中来进行大学生培养模式改革的。相对而言，我国大学生国际化培养还没有在立足于本国国情的基础上进行本土化的创新与发展，培养活动不符合学生实际需求。

## 四、国际化师资程度较低

在高校英语授课方面，由于缺乏规范标准，本土教师的双语授课水平较低，外籍教师的专业课教学资质不够，从而严重限制了高校的国际化人才培养。高校在国际化人才培养中配备的本土教师，只要求通过英语等级考试就可以胜任双语教学；而那些进行专业课课程教学的外籍教师，也只是会说英语的外国人，他们仅凭一纸大学专业文凭，就能参与高校英语教学或是承担双语专业课的教学任务。事实上，就国际化人才培养而言，语言课程和双语专业课的教学对学生来说极为重要。要保证学生在前期的英语学习过程中，能够接受系统化的语言培训，在视、听、说、读、写方面得到适当训练。没有前期的训练做基础，学生无法在后期教学中领悟那些专业知识。

因此，高校应加大对教师的培训投入力度，对专业资质优秀的骨干教师进行国际化教育，如参与国际学术交流、海外研修和语言培训等，提升教师的国际化资质。国际化师资队伍的建设对提升教师的国际化教学能力，提高高校国际化人才培养质量具有深远意义。

## 五、国际化合作项目层次不高

从高校国际化合作交流与办学的总体情况来看，已有的国际化合作交流与办学项目中存在以下问题。第一，涉及领域多在办学成本上相对低廉的商学、信息技术和通信等专业，对接的国外合作方不一定是高校，大部分是国外的教育机构和普通大学，高校则充当为这些境外机构或学校输出人才的生源后备班或留学预备班。第二，高校虽然已经同境外的教育机构或学院建立了合作关系，但是院校的管理者很少来到这些合作院校中积极地挖掘教育资源，彼此很少共同开展课程教学活动。第三，高校的国际化合作办学项目多把选拔的少数学生以自费形式送去海外院校、企业学习交流或实习三个月至半年，这样短暂的经历只是在形式上完成了国际化合作培养的目标。

这种程度的国际化合作交流与办学项目根本满足不了学生学习国际专业知识和掌握通用技术的需求，因此，国际化合作交流与办学项目的规模急需进一步扩大。

## 六、国际化教育政策体系不完善

"引进来"和"走出去"是目前我国培育国际化人才的惯用做法。其中"走出去"的法规性文件仅有《高等学校境外办学暂行管理办法》，它是一份操作性不强的概要性文件，在其后发布的《教育部关于废止和修改部分规章的决定》中被明确予以废止，造成境外办学"走不出去"的窘境。

首先，政策支持不够。依据"一带一路"建设的进程，科学预测各类人才的需求量，基于区域优势、教学特色，合理规划各地学院的专业设计、生源数量，在这些方面教育主管部门需要强化承担主体责任的意识。

其次，平台作用不明显。政府和教育部门在中外合作办学、高院经验借鉴、优质学院举荐、师生交流和人才引进输出等方面应积极构建中外合作交流平台，推动中外高校之间深度学习合作。

最后，在合作办学、人才交流和开设专业等需要筹措资金的项目中，教育部门应拨款或出台融资政策予以扶持，为高校国际化在起步阶段增添动力，加速国际化职业人才培育工作的开展。

## 第二节　高校国际化人才培养存在问题的原因

### 一、国际化观念尚未达成共识

人们对高校教育国际化培养观念尚未达成共识是限制高校国际化发展的因素之一。

首先，在高校开展国际化人才培养上，地方政府尚未出台明确的制度法规来维护高校在国际化办学中的权益，也没有财政上的资助解决高校在国际化办学中的经费难题。没有了制度的保障和经济的支持，高校将国际化人才培养模式从理论落实到实践步履维艰。

其次，对于多数高校而言，国际化办学理念与人才培养都还是比较超前的，所以高校整体的开展情况并不乐观。同时，高校所在地区的行业与企业，尽管对国际化人才的需求比较迫切，但对高校是否能够培养出合格的国际化劳动技术人员，都处在观望阶段，因此参与到高校国际化人才培养中的积极性也就不高。

最后，有一些高校教育工作者对于高校学生的国际化教育提出疑问，认为高校培养出来的学生只要理解知识原理和掌握职业技术就足够了。事实上，经济社会的运行与发展是需要不同类型的人才共同参与实现，对于青年学生而言，无论他们接受哪种类型的教育，都应当受到国际化知识的熏陶。所以，国际化人才培养这种模式对于高校学生而言，一定能够弥补他们在传统教育中知识与能力方面的缺失，并在其未来的职业和生活中展现出优势。

### 二、国际化培养机制缺乏良性竞争

培养机制缺乏足够的投入和竞争是阻碍高校国际化人才培养模式发展的因素之一。高校现行的国际化培养机制形式单一，培养体系不够健全，培养理念保守僵化。政府作为高校办学的重要主体，理应起着决定性的主导作用，但是高校教育的国际化人才培养与高等普通本科教育一样，都是计划经济的最后一块"蛋糕"，其整体的培养机制基本上还是沿袭了计划经济时代较为封闭的培养方式。由于缺乏兼容并包的开放态度，高校国际化教育的发展也陷入僵局。

## 三、国际化职业指导脱离市场要求

随着职业指导理论研究和实践的不断发展，职业指导应以学生个人的发展为本，不再强调入职匹配的短暂行为，更应该注重学生个人职业生涯发展和个人的成长。

目前，我国的经济发展势头良好，国内各行业格局逐渐变化，新兴产业层出不穷，职业结构不断调整，这些变化使整个劳动力市场对专业人才的需求也悄然发生了变化。而高校虽然开设了就业指导和规划课程，但是仅凭几节课程的讲解，不能解决高校学生就业中的问题。

高校在实践国际化人才培养模式时，虽然能够综合考虑国外同类型教育的专业特色进行专业设置和课程编排，但是很少对国内外就业形势进行市场调研，只是按照自身对国际化人才的理解和政策要求进行培养。没有对市场进行明确的了解和需求供给分析，高校的国际化职业规划与就业指导显得不够与时俱进、缺乏创新性和应用性。对于毕业生的职业规划与就业指导无法使学生正确认清自身的价值并帮助他们树立职业目标，不利于学生的个性发展。

## 四、国际化师资审核制度不完善

我国高校配备的国际化教师的构成是这样的，他们大多数是完成自身学术研究后直接从事教学工作，一方面缺乏在海外工作、实习的经历，另一方面因为繁重的教学任务，他们难以进行系统的国际化知识培训。这使高校选拔的教师在理论知识和实践应用上，缺少对专业、行业在全球范围内的了解和国际化市场的认知。而高等教育发展较为发达的国家，在国际化师资队伍选拔与培养过程中尤为重视对教师资格进行严格审核，保证教学质量。以德国和澳大利亚的高校为例，在以培养国际化人才为目标的教师聘用原则下，选拔的教师除了掌握一定的专业知识，还要有在国际化企业中工作的经历和扎实的专业技能。我国的高校教育对于高校配备的国际化教师没有建立完善的师资制度，一是教师的国际化教学水平没有监督制度，二是教师的双语授课能力没有考核制度。这是高校国际化人才培养师资队伍建设缓慢的重要原因。

## 五、国际化办学项目缺乏长远规划

国际合作交流与办学项目规模小、层次低的原因是高校对国际合作交流与办学培养模式普遍缺乏长远战略规划。最明显的表现是高校国际合作项目轻公益性，重效益性。

首先，收费较高，选拔学生条件苛刻，使国际化办学项目变相成了家庭条件良好的学生在求学路上一段"锦上添花"的经历。这削弱了那些想通过国际化联合培养或是海外交流经历，提高自身综合素质的学生的积极性。

其次，在高校设立的海外学习项目中，一些学历和非学历培养项目的认证问题没有明确的规范说明，并且多数学生仅仅只是在时间上完成了学校的培养模式。由于学制不同，这些学校培养无法真正实现如"2+2""3+1"这种理想模式所要达到的培养目标。

最后，部分高校内的合作交流与办学项目，没有拟定或规划好具有法律效应的文件作为约束条件，使那些与海外高校所签订的国际化合作合同内容不够严谨、存在风险，无法保证学校完成培养目标，也无法保障学生的个人利益。正是由于以上这些原因，高校在实施国际合作交流与办学项目时，过于急功近利，希望短时间内就能看到培养成果，却缺乏明确规范保障，无法轻易地开展深层次的国际合作活动。

# 第七章 国际化人才培养的策略与指导

《教育部等八部门关于加快和扩大新时代教育对外开放的意见》强调了我国提升高等教育人才培养中的国际竞争力的重要性，为培养具有全球视野的高层次、国际化人才指引了方向。本章分为国外高校人才培养的模式借鉴、中外合作办学模式下的职业规划与就业指导、我国高校国际化人才培养的策略三部分。

## 第一节 国外高校人才培养的模式借鉴

### 一、国外高等教育人才培养的几种模式

#### （一）德国"双元制"模式

德国的"双元制"是世界上最早实践的校企合作、产学结合的人才培养模式，它起源于19世纪末德国的职业进修学校，是传统的师傅带徒弟的培训方式与现代职业教育理念结合的产物，是学校与企业分工协作的。接受"双元制"教育的学生具有双重身份，一种身份是职业学校的在校学生，接受理论教育；另外一种身份是受企业培训的学徒，在工作岗位接受生产训练。"双元制"职业教育的教学分别在企业和职业学校里交替进行，并以企业培训为主，可使理论与实践紧密结合。中学毕业的学生在职业学校进行完整的理论学习，同时必须与企业签订合同，接受实践技能培训。

1. 教学模式

在培训过程中，"双元制"教学十分重视对学生技能、技巧的培训，采用的是"学习+实践+学习""三明治"特色的教学模式，理论与实践具体时间比为2∶3或1∶4。在不同的教学地点，教学形式与内容有所不同。在理论教育中注重实用性，与生产实践相联系。从职业岗位的实际需求出发，确定能力培养的目标，编写基础理论课和专业课的教材。企业的培训场所包括国内实际生产岗位、实训

工厂和实验室等,配备经验丰富、受过良好职业训练而且责任感强的专职实训教师。在教学组织上采取分段式教学,在人才规格上实现与实际岗位要求零距离对接。如学生第一年在校内学习文化课及基础理论课,第二年、第三年学习专业课,采用工学交替、理论学习与技能实践结合进行的学习方式,即上课日由学校按学生要求统一管理,学校负责学习成绩的考核;工作日由实训厂按员工要求管理。实训厂的任务是把那些在理论课上无法传授或训练的技能传授给学生,实行师傅带徒弟的教学模式,企业实训教师一般具备2~5年的职业实际经验并具有相关的职业资格证书。

2. 课程模式

德国"双元制"形成了"以市场为导向,注重学生能力培养,灵活多样"的课程模式。课程设置在内容上特别注重"毕业证书"和"从业资格证书"的取得。在制订课程计划时学校与企业相互磋商,紧紧围绕迅速发展的新技能来调整课程内容。在设置课程时以取得从业资格证为底线;在专业主干课程中涵盖从业资格证书和毕业证书的所有课程;课时上在满足主要课程的教学需要的同时,突出实践性教学,发挥企业的主导作用;适时调整教学大纲,实现理论与实践的最佳结合。这种教学模式不仅能够提高学生的职业素质和就业竞争能力,而且能实现职业教育与劳动的有效对接,培养高等技术应用型人才。

另外,为了达到"能力本位"的培养目标,在课程设置上还增加了选修课,它不仅可以拓宽学生的知识面,加深其对专业课的理解,还可以培养学生一专多能的能力,发展其爱好与特长。

3. 师资队伍

德国"双元制"高校拥有一支具有广博知识、精湛技能的"双元"师资队伍。这些教师既有扎实的专业理论基础,又具有丰富的实践操作经验,还定期外出进修,接受考核,考取相应的技术证书,具有"教师"和"工程师"的双师资格。在德国,教育的责任在国家,教师必须通过层层筛选和考核;参与教育事业的人员应当是公务人员,受到与公务员同等的重视;教员几乎是与教育画等号的,教师被视为教育事业的核心,享受官员待遇。德国的教师有较高的社会地位,享受优裕的工资待遇,终生不会失业,退休后有养老金,一生有保障。因此,在德国,教师职业是一个令人羡慕的职业。

## (二)美国"应用型"模式

1. 培养目标

美国应用型人才培养目标的确立经历了三个发展阶段。第一阶段是20世纪

80年代，旨在培养适应新经济发展，技术水平高，且具有较强综合能力的劳动者；第二阶段是20世纪90年代，旨在培养终身学习的高水平技术人员，实现经济、社会和教育的统筹发展；第三阶段是进入21世纪，新时代对应用型人才的要求不仅仅是强能力，更重要的是具有职业道德、责任感、信誉感、职业个性、人格特征以及创新和创造的风格与特长等，即要培养以关键能力和综合素质协调发展为目标的应用型人才，其中综合素质包括基本能力、思维能力和个人品质等方面。

2. 课程体系

美国在经过长期的学习和总结之后，将外国先进的职业教育经验与本国的具体实际有机地结合起来，形成了适合自己的专业特色，并构建了相应的课程体系。课程结构一般由基础理论学习、专业理论学习和专业学习三个模块组成。基础理论学习部分主要涉及的科目是传统的基础科目如数学、物理等，此外还包括通识教育内容，为一般生活做准备；还开设一些人文学科，如世界文化、外语等，它所占的比重相对较少。专业理论学习部分所开设的课程则是学生掌握专业知识所必须学习的专业基础课程，如电路、微处理器基础等，还包括实践讨论、项目设计等专业实践教学环节。专业学习部分则是为学生深入掌握专业知识而开设的课程，包括专业必修课和专业选修课，开设的课程比较多，这些课程的设置旨在满足学生对专业的个人兴趣和爱好的需求，由学生自主选择专业相关课程，拓宽学生的专业视野，培养学生的动手和实践能力。

3. 教学模式

美国应用型人才培养遵循"以学生为中心"的教学理念，重点关注学生学到了什么。教学方式非常灵活，教师与学生可以自由交流，气氛活跃。在教学过程中，重在培养学生的各种能力。除讲课外，还采用现场教学法、项目教学法、团队教学法和案例教学法等多种教学方法，通过丰富多样的教学形式激发学生的学习兴趣，调动学生参加实践、主动学习的积极性，让学生成为课堂上的"主动者"，提高学生的学习效率，培养学生独立思考、善于交际的能力。教学中教师还非常注重培养学生的独立思考能力和批判思维能力，鼓励学生大胆提出自己的见解和建议。这种鼓励创新的教育理念体现了美国教育思想的先进性。

### （三）澳大利亚"TAFE"模式

1. 教育理念

澳大利亚职业教育培训体系（TAFE），是以能力为核心，以素质为基础，以就业为导向的在终身教育理念下形成的人才培养模式。它是一种在国家框架体系下形成的,以产业为推动力量的,政府、行业与学校相结合,以学生为中心进行的灵活办学,是目前国际公认的比较成功的多层次、综合性职业教育人才培养模式。TAFE 遵循的教育理念是:"既满足学生的学习需求,也满足企业界用人标准的需求。"它的最大优点是突破了传统的一次性教育的局限,形成了"学习工作—再学习—再工作"的多循环的终身教育模式,为澳大利亚经济的发展提供了大批量的高素质的劳动者。它把以传授知识为中心转移到以培养学生的实际工作能力为中心上来,面向生产第一线,培养实用的高级技术应用型人才和管理人才,也培养适应能力和动手操作能力强的技能型人才。

2. 课程设置

TAFE 课程设置的依据是澳大利亚 TAFE 课程体系的核心内容,是依据行业能力标准,为满足行业需要而设计的一组结构严谨有序的科目组合。每一类证书、文凭需要开设多少门课程,需要开设哪些课程等问题都由国家各相关专业培训理事会及其顾问组织根据产业发展需要和企业团体提供的课程信息和就业市场信息,并根据相关岗位的技能要求和标准来确定,还要根据劳动力市场变化而不断修订。

TAFE 课程基本上分为两个等级,即国家级课程和州级课程,学院有时也开发一些特殊需要的课程。根据产业的需要,不同的课程的科目数量不一样,有由不到十个科目组成的短期培训课程,也有由几十个科目组成的证书、文凭课程。不同课程的学习时间也不相同,有的课程几个月即可完成,有的课程则长达三年。TAFE 的正规课程必须在国家机构注册,学生完成被注册课程的学习即可取得正式的资格证书或文凭。

3. 人才培养途径

强化实践环节的教学,鼓励学生亲身体验,培养高水平的实用型人才,最大程度为地方经济、社会发展服务,这是 TAFE 的办学宗旨。在人才培养过程中,以学生为主体的教育理念已经深深扎根于 TAFE 体系中。TAFE 近几年提出了"以学生为中心""学生是顾主""一切要为学生服务"的口号,让学生学所需的内容,选择想去的地方学习,继续深化培养过程的改革,使 TAFE 培养的人才表现出鲜明的特征。

4. 师资队伍建设

澳大利亚 TAFE 得以迅速发展,与其重视师资队伍的建设密不可分。澳大利亚一方面通过高等院校大量培养高学历、高素质的职业教育师资,另一方面从社会上大量聘请专业技术人才接受师资教育而形成兼职职业教育师资,从而为澳大利亚职业教育提供了坚实的师资保障。

一是注重培养高学历的专任教师。在 TAFE 求学的准专任职业教育教师在校学满三年，可获得学士学位。学习成绩好的学生在第四学年可攻读荣誉学士。在获荣誉学位的准专任职业教育教师中，一小部分较优秀的学生将被接纳为研究生。那些有突出才能的极少数未来职业教育教师，可不必经过硕士阶段，直接攻读博士学位。

二是 TAFE 对专任职业教育教师，除要求必须具有丰富的专业知识外，还要求其必须具备跨学科、跨民族和跨文化的教学能力，同时还具有编写教学计划、讲授理论课和指导学生实践的多种能力。一专多能是 TAFE 对专任职业教育师资的基本要求。

三是重视实践经验，TAFE 的教师至少具备三年的专业实践经验，有的专业甚至需要五年或十年以上的实际工作经验。

四是聘请一定比例的各行各业的兼职教师，优化教师结构，保证"双师"素质队伍。

## 二、国外高等教育应用型人才培养模式的启示

他山之石，可以攻玉。通过对德国、美国、澳大利亚几种典型的人才培养模式进行深入了解，我们从中获取了不少有益的经验。虽然有些属于职业教育的范畴，但它们在应用型人才培养方式上比较成熟，对我国高等院校中外合作办学人才培养模式的构建有很多有益的启示和借鉴作用。

### （一）应该重视应用型人才的培养

在经济全球化、高等教育从"精英化"向"大众化"过渡的双重背景下，经济发达国家高度重视应用型高级专门人才的培养。在 20 世纪 70 年代初，工业化国家非常重视应用型人才培养的本科教育，推动了高等教育大众化和普及化的进程，促进了经济、科技和社会的迅猛发展。

21 世纪初，随着经济和社会的变革，我国对人才的需求出现多样化。一方面，面对现代社会的高新技术产业，不仅需要一大批高科技人员，而且也需要大批量在一线岗位解决实际问题、维持工作正常运行的高等技术型人才；另一方面，虽然我国高等教育的毛入学率在不断提高，但是，能继续进行学术深造的还只是少数，进入高等教育的学生中将有一半以上的学生接受的是应用性层次的教育。也唯有这样，才能缓解我国大学生面临的巨大就业压力，才有可能弥补我国因教育结构不合理而导致人才结构失衡的缺陷。

## （二）应该科学地设置人才培养目标

随着我国经济的飞速发展和产业结构的不断升级，工作环境越发复杂多变，变换工作的机会大大增加，传统的人才培养模式逐渐暴露出弊端。大学培养高素质、高层次、多样化、强能力的人才是社会发展的必然趋势。同时，技术更新速度加快，培养的人才需具有发展的潜力，以适应社会多元化发展的需要，更好地为地方经济社会发展服务。全面发展、提高素质是未来社会发展对人才的普遍要求。

现代社会人才的培养强调知识、能力和素质的并重，必须坚持以实际操作为主线，将知识和素质统一融合于能力之中，以能力培养为核心，以学科知识为支撑来设置课程。充分尊重学生的个性，注重对学生应用能力的培养和训练，把应用性环节贯穿到教学的全过程，增强学生的动手能力和应用能力。可见，从市场需求来科学地设置人才培养目标是人才培养的关键所在。

## （三）应该建立起应用型高级专门人才的教育教学模式

目前我国大学新生基本上都是通过高考筛选出来的，缺乏所学专业的实践经验，学习目的性不明确，专业思想准备不充分，实践经验不足。任课教师大多直接毕业于高校，也没有实践经历，不了解学生将要面对的一线工作岗位的情况；同时，高校职称评定体系单一，仅仅强调了教师的学历标准和科研成果，对教师的实践经历则没有明确的规定；缺乏双师型教师，专业设置没有紧密联系地区经济发展，不能主动承担为地方经济建设服务的任务；课程体系和教学内容与当代科技、经济和社会的发展出现脱节，教材内容老化，在教学环节中，理论传授所占的比重过大，实践环节、互动环节相对薄弱和单一，而且实践教学的考核、评估制度还不完善，教学内容过于陈旧，教学方式大多采用填鸭式、教条式，压抑了学生的创造力。

总之，在知识经济时代，我国高等院校应该承担起培养社会急需人才的职责，在招生方式、专业设置、课程体系和教学环节等方面进行一系列的配套改革，建立起培养应用型高级专门人才的教育教学模式。

# 第二节　中外合作办学模式下的职业规划与就业指导

## 一、职业规划与就业指导

### （一）职业规划的定义

近年来，随着我国就业形势的日益严峻，许多高校和学生越来越多地认识到职业规划的重要性。随着中外合作办学规模不断扩大与内涵不断深化,社会各界对其的认可度有所提高。所以加强对中外合作办学模式下学生职业规划的研究,对做好学生职业生涯教育工作是十分必要的。

根据中国职业规划师协会的定义,职业规划是对职业生涯乃至人生进行持续的系统的计划的过程,人们结合时代特点,根据自己的职业倾向,确定最佳的职业奋斗目标,并为实现这一目标做出行之有效的安排。职业生涯规划的意义以既有的成就为基础,确立人生的方向,提供奋斗的策略。

### (二)就业指导的范围

就业必须是劳动者较长时间连续进行某项活动,并通过该项活动稳定地获得经济收入。偶然参加某项活动并不算就业。就业必须是劳动者从事社会活动并得到社会承认,否则也不算就业。为了实现自己的价值,为社会做出贡献,劳动者必须选择最能发挥自己作用的工作,与生产资料和工作岗位全面、迅速和有效地结合,而为这种结合而开展的工作就是就业指导。狭义的就业指导是给被指导者传递就业信息,帮助其求职与择业,为其与职业的结合牵线搭桥。广义的就业指导则是以被指导者的自身特点、意愿与社会职业的需要相协调为条件,帮助和指导其树立正确的就业意识,并为其选择职业、准备就业,以及在职业中求发展、求进步等提供知识、经验和技能。

大学生就业指导,一方面要为全面提高学生的素质、促进其顺利就业提供多方面的服务;另一方面则是要帮助和引导学生根据自身特点和社会职业的需要选择最能发挥自己才能的职业,实现其人生价值和社会价值。

### (三)国家对职业规划与就业指导的要求

建设教育强国是中华民族伟大复兴的基础工程,要加快教育现代化,办好人民满意的教育,同时提高就业质量,就要坚持就业优先战略和积极就业政策,实现更高质量和更充分的就业。《"十四五"就业促进规划》明确提出"十四五"时期,持续做好高校毕业生就业工作,强化高校毕业生就业服务。政策对大学生就业创业的影响是长期和宏观的。高校对政策的正确把握并找到相应的对策,成为其制定和实施职业规划的重要因素。高校可结合国家重大战略布局、现代产业体系建设、中小企业创新发展的契机,加强毕业生职业生涯教育和就业创业指导,加大就业实习见习实践组织力度,开展大规模、高质量高校毕业生职业技能培训,提高高校毕业生的就业能力。

## 二、中外合作办学模式下的职业规划

### （一）中外合作办学模式下学生职业规划的内容

中外合作办学高校的学生整体思维活跃、个性突出，但自我管理控制能力较弱。因此高校在开展职业生涯发展教育时应针对学生的这些特性开展工作。

1. 应该注重培养学生的爱国主义精神

在中外合作办学过程中，高校应充分贯彻落实党和国家的政策方针，将爱国主义教育和法治诚信教育作为重要目标开展教学活动，培养大学生的民族自尊心和自律、自强的意识。具体地，高校可以将职业生涯规划工作与大学生思想政治教育相结合，将职业生涯规划设计融入理论课教学中，从而帮助大学生更好地结合个人实际来理解相关内容。此外，高校还可以组织一些社团实践活动，如组织学生参加社团主题活动、观看爱国主义视频，营造出良好的氛围，使学生随时都能感受到爱国主义文化的熏陶，培养他们形成正确的思想价值观念，从而为其今后规划个人职业生涯奠定良好的基础。

2. 应该有针对性地开展职业生涯规划教育

一是可以鼓励全员共同参与。职业生涯规划工作需要全校师生和校领导的共同参与，并且要从大学生刚入校时就开始贯彻落实，将职业规划渗透进他们的日常生活和学习中。教师应随时关注学生思想动态的变化，及时对学生进行疏导，帮助学生正确认识自己将来所要从事职业的特点，从而让学生有针对性地加强对相关知识的学习。

二是建立学校—家庭的良好互动关系。大学生职业生涯规划教育离不开家庭教育的支持。在中外合作办学背景下，学校应重视家庭与学校之间的互动交流，努力构建良好的育人环境，建立学校—家庭的互动平台，既方便家长随时了解学生的在校表现，也有利于学校获取学生在家的学习情况。教学实践表明，这种互动方式对学生个人能力的发展具有十分积极的促进意义。

三是实施跟踪性教学。职业生涯规划教育是一个需要长期坚持的教学过程，教师应对学生的表现情况进行全面的跟踪了解，针对不同阶段的学生开展不同内容的职业规划教育，满足学生在各个时期的发展需求。

### （二）中外合作办学模式下学生职业规划的重要性

中外合作办学模式整合引进国外优质教育资源，对推进我国教育国际化有着重要的意义。除了要培养学生对专业知识进行深入的学习与钻研外，还应培养学生将所学知识运用到实际工作中。中外合作办学院校要结合自身办学特色，抓住自身优势，整合优势就业资源，顺应当前就业形势的发展，有效开展大学生职业生涯规划教育。这将帮助学生在充分了解自身条件和社会现实环境的基础上，确立明确的职业目标，选择适合的职业道路，设立与之相对应的学习、实训和工作计划，并为实现这一目标分阶段、有重点地按照计划付诸行动。这种专业学习规划与职业生涯规划相结合的教育模式，可培养出真正有明确目标、能适应社会发展的复合型人才，可进一步提升中外合作办学模式下人才培养的质量。

中外合作办学应利用教育教学方面特殊的优势与背景，在开展职业生涯规划和职业能力培养课程的过程中做好教师的专业化的培养。课程上积极开展研讨，注重教学上将理论与实践相结合；课后积极开展校企合作，深入了解现在社会对学生的职业能力的需求；根据学生在不同生涯阶段的不同职业发展需求，立足实际，打造优质课程。

教师要了解学生的自我认识程度、性格特征、爱好兴趣点等个性特征，积极引导学生根据自己个人特点，在不同阶段的学习中树立明确的职业生涯规划意识，扫清专业学习与职业规划的疑惑。在面临出国与不出国学习的选择时，学生能明晰自己未来的发展方向，明确自己的实际需求，进一步分析现在的自己在达成职业生涯规划目标上的不足之处。根据当下的社会实际情况，学生能对自身的目标和努力方向不断进行科学的改进，更扎实地掌握职业技能，从而引导自身不断完善职业生涯规划。

## （三）中外合作办学模式下学生职业规划的困境

首先，专业任课教师在职业生涯规划和职业能力培养的课程中起着重要的作用。任课教师负责为学生进行相对专业的指导与交流，但是现阶段具有职业生涯规划学科背景的专业化教师相对匮乏，教学资源相对闭塞，任课教师之间缺少深入互动的交流学习机会。任课教师在课程中往往重视理论教学，轻视实践教学，忽视课程中知识理论与实践相结合的必要性，于现有政策、时政的敏锐性较低。任课教师有时不能有效地将职业生涯规划和职业能力培养的本质与中外合作办学的特殊背景做到紧密结合，而对新兴中外合作办学模式的基本情况与外方合作学校的资源无法深入了解，并在学生面临出国和不出国的选择时无法做出科学理性的分析与指导。任课教师在课堂上缺乏与学生之间的互动，不能及时满足学生对自我职业生涯规划和职业技能掌握的需求，导致教学效果大打折扣。

其次，当前大学生普遍存在自我认知薄弱的问题。在选择大学专业时很少有同学真正了解自己所学专业，从而盲目地选择。这部分学生自我认知水平相对较低，缺乏独立性，同时自理能力和自我管理能力较弱。在中外合作办学机制下，学生面临出国或者不出国的选择，不了解国内资源和国外资源对自己发展的利弊，导致自己的专业学习和自我职业生涯规划与职业能力培养意识不清，对未来前景的定位模糊。学生在学习中无法确立自己的学习和职业生涯目标，在将所学运用到实践的过程中，忽视了社会对应聘人员的职业能力的需求，忽视了自己对相应职业能力的培养，导致在择业时更无法准确地对自我的职业目标进行定位，直接影响自己的就业，让自己很难适应现实社会工作的节奏，导致自己频繁更换工作，使自己无法在工作岗位上相对平稳地进入职业稳定期。

## 三、中外合作办学模式下的就业指导

中外合作办学在我国从 20 世纪 80 年代开始至今已有多年。中外合作办学模式在教育理念、办学机制等诸多方面对学生的培养产生了深远影响，培养的学生具有国际化、复合型的人才特征，这是我国高等教育国际化发展的重要趋势。但随着我国高等教育大众化的实现，毕业生就业形势严峻。因此，加强对中外合作办学学生的就业工作研究，系统全面地开展就业指导，能够更好地实现中外合作办学的人才培养目标，促进中外合作办学项目的长期稳定、可持续发展。

### （一）中外合作办学模式下毕业生就业特点

随着我国经济迈向高质量发展，国内经济面临着较大的下行压力，因此，大学生就业形势非常严峻。当前大学毕业生就业中存在的共同特点包括以下几点：

首先，准备不足，对就业生涯的规划模糊。大学生不要到了大学四年级才开始准备就业，而应在读大学的第一天就有思想准备。一年级进行自我了解，二年级锁定感兴趣的职业，三年级有目的地提升职业修养，四年级初步完成从学生到职业者的角色转换。现在很多同学到了大学四年级还不是十分清楚自己毕业以后想做什么工作、能做什么工作，导致很多学生参加招聘会都会有一种没目标、没准备、全凭碰运气的感觉。

其次，依赖性强。学生进入大学，标志着人生进入新的阶段，应该学会独立，不能再像中学时一样事事依靠家长。而调查显示，大学生完全独立完成自己的意愿选专业、定职业、找工作的人数在被调查的群体中仅占 40%。在调查中我们还发现，当代大学生在就业期间缺乏对就业、择业的研讨。在走向社会前，大学生应像报考大学时一样，拿出更多的时间和精力，形成研讨习惯，分析人才市场需求信息，研究信息的分类及适用性，把握自身专业与区域经济发展、产业变化及企业需求的情况。

再次，理念滞后。正确的理念带来正确的行动，正确的行为才会有正确的结果。在调查中，大学生就业理念受社会各种价值取向的误导，比如，创业不如就业，就业难不如再考研等。树立正确的就业理念是大学生走好人生的第一步。到哪里去就业，干什么工作都应辩证地、发展地、全面地看待。

最后，人才结构失衡，供求矛盾加大。在人才分布上，我国东部与西部、沿海地区与偏远山区、经济发达与欠发达地区，每万人中大学生的占有量差距很大，结构性矛盾仍然突出。另外，根据近几年人才市场需求供给情况反映，各级技术型劳动力呈现出供不应求的局面，以机械加工为主的技术、技能型人才短缺。

### （二）中外合作办学模式下毕业生就业指导现状

目前的中外合作办学毕业生去向基本分为两类——国内就业与深造和出国就业与深造。中外合作办学模式下大学生就业状况与普通大学生国内就业状况相比，优势不足；但是中外合作办学院校鼓励学生到国外攻读研究生深造相对较多，在这一升学率方面优势明显。中外合作办学院校的毕业生具有很好的外语学习环境，中外合作办学院校会有一些教学、外教资源，鼓励督促学生用外语熟练表达自己专业领域知识，鼓励学生参加托福、雅思等外语等级考试。

在未来，社会对既有技术背景又有良好语言能力的人才的需求量很大。中外合作办学院校毕业生的就业优势也相当明显：第一，由于中外合作办学院校学生使用原版外语教材，听教师用外语授课，因此他们毕业后外语水平高，在涉外企业会更有竞争力。第二，部分中外合作办学院校毕业生出国进修深造，毕业后在国外也可以找到合适的工作，这也是很多学生报考中外合作办学院校的一大原因。

## 四、中外合作办学模式下职业规划与就业指导的实践

### （一）中外合作办学模式下职业规划与就业指导的挑战

#### 1. 学生的自身特性问题

第一，学生就业规划和准备不足。多数中外合作办学院校近几年才有毕业生，因此在毕业生就业准备和规划方面比较欠缺，相关经验积累较少。第二，生源质量差异很大，毕业生知识水平参差不齐，就业方向比较复杂。第三，国内考研难度大。中外合作办学院校毕业生的知识储备不足以应对国内考研深造，特别是对理科类科目知识范畴掌握深度不够。

### 2. 专业的职业规划师资力量不足

专业的职业规划与就业指导师资力量严重不足。很多高校都无法保证有足够的教师力量去完成系统的指导工作。公共大课的授课方式，无法保证师生之间的良好沟通。同时，外籍教师和专业课教师对学生的职业规划参与度较低。在当前很多的中外合作办学院校中，外籍教师对校园文化的多元化建设和学生英语能力的提高都有不可替代的作用，但他们却未能把本国职业生涯规划的先进教育模式引进来，致使中外合作办学模式的优势未充分发挥出来。

### 3. 课程的设置不够合理

职业规划与就业指导课程的设置不够合理。很多职业规划与就业指导课程没有在学生入学之初开设，无法保证职业规划与就业指导能够贯穿学生在校的整个学习过程，使大学生容易忽视职业生涯规划的重要性。

### 4. 就业指导的专业性力度不足

在当前中外合作办学模式的高校中，能够建立机构完善、功能具体细分、信息有效管理和发布的就业指导中心的学校尚属极少部分，难以支撑学生的职业生涯指导和就业。任课教师课余时间与学生的沟通很少，上完课学生基本上与教师就失去了交流的机会，学生对专业的学习程度不够深入，也无法获得更为专业的职业生涯规划指导。在职业生涯规划教育方面，学校对辅导员的培训力度也需加大，直接接触学生的是辅导员，但辅导员也需要成熟的职业生涯规划理论作为依托来教育和管理学生。所以，作为职业生涯规划教育重要一环的辅导员，也需要参加较为系统的职业生涯规划培训。

### 5. 高校和社会对合作办学毕业生就业工作重视程度不够

多数合作办学院校只是最近几年才有毕业生，毕业学生人数较少，且部分学生要出国深造。因此，从横向比较来看，中外合作办学院校毕业生就业的压力还没有完全显现出来，许多中外合作办学院校对毕业生就业工作还没有高度重视，很少单独组织就业招聘会等活动。另外，由于中外合作办学是近几年出现的新生事物，生源质量与普通高校相比有一定差距，办学过程中外聘教师比较多，教师稳定性比较差，中外双方在办学过程中还有一些摩擦，教学质量也不稳定。因此，社会上对中外合作办学的认可度不高，一些用人单位甚至存在中外合作办学毕业生不如普通高校毕业生的偏见。

## （二）中外合作办学模式下职业规划与就业指导的措施

### 1. 构建多角色协作的规划指导体系

围绕学生构建多角色协作的职业生涯规划指导体系。中外合作办学院校的职业生涯规划指导教师、中外专业课教师和辅导员组成职业生涯规划指导团队。职业生涯规划指导教师负责讲授职业生涯规划课程，使大学生在职业意识、能力和职业素养等各个方面能够达到该课程的基本要求；中外专业课教师应当在教学中指明本学科在社会实践中的应用领域和所对应的行业及职业，引导学生将课程学习与职业选择挂钩；辅导员则将职业生涯规划指导贯穿于学生的日常学习、生活和社会实践的管理中，对学生的职业实践加以组织和指导。三者各有专长，在知识层面和能力倾向上互为补充，可以从不同的角度对大学生的职业生涯规划进行指导，从而构建多角色协作的职业生涯规划指导体系，保证大学生职业生涯规划教育的系统化、全程化和个性化。

### 2. 发挥高校各类教师在职业规划与就业指导中的教育作用

充分发挥专业课教师在职业生涯规划教育中的指导作用。职业生涯规划指导课程主要培养学生的职业能力，专业课则可以培养学生的专业兴趣和专业技能。职业生涯规划指导课程与其他课程的关系决定了它在整个大学学科体系中独立于专业课程，与专业课程相辅相成，互为依托，共同培养学生的职业素养。因而专业课教师应该在授课过程中充分传达与课程相关的职业与行业信息，帮助学生树立职业理想，引导学生对该学科的相关领域和职业产生强烈的探索欲望，成为该学科相关职业的尝试者和探索者。中外合作办学应当充分发挥来自不同国家的专业课教师的多元文化背景、专业造诣等优势，从不同方面影响学生的职业选择。

学校对待担任职业生涯规划和职业能力培养的教师应定时开展业务培训，让教师积极学习了解中外合作办学机制的优势，了解外方合作学校的基本情况与专业设置，通过培训学习来加强教师自身理论知识。任课教师还应端正自己的思想态度，保持爱岗敬业的恒心，做好自己的职业生涯规划和职业技能掌握。能积极自主参加社会各界开展的专业化的交流学习，在与专业人员的交流探讨中了解最新的专业知识动态，提高自己的综合素质，让自己加入专业化、职业化的工作行列中。在学习之余还应勤于思考，关注时事政策及最新就业动态，努力将所学知识与中外合作办学实际情况结合起来。坚持以帮助引导学生为中心，将理论与实践相结合，分析现阶段社会对毕业生职业能力的需求，在实践交流中帮助学生对自己有全面的认知，让学生进一步明确自己的职业生涯规划目标和未来发展方向。

3. 开展职业规划教育

改革授课形式，增进师生交流。当前很多学校的职业生涯指导课程都是大班授课，无法保证教师对学生的有力辅导，即便是加上辅导员和专业课教师，很多时候也是难以首尾兼顾，导致很多个案无法进行及时辅导，即便有成功的个案也无法为以后的课程提供生动案例，所以中外合作办学机构需要实现小班授课。专业课教师和辅导员都应纳入职业生涯指导课程讲师的范围，并加强对授课教师的专业培训。另外，优秀的学生也可以发挥朋辈导师的作用，起到传、帮、带的作用。关于课余的职业生涯规划交流，专业课教师和辅导员需灵活安排，保证每个学生都能得到有效的职业生涯规划指导。

4. 强化就业指导部门的职能

国外的职业指导中心在大学生入学伊始就着手帮助学生发现个人的职业兴趣，为学生提供全程式的职业咨询。而中外合作办学机构可以利用国外大学教育资源，引进并建立大学生职业指导中心，使大学生的职业指导制度逐步与国外接轨。大学生职业指导中心可以在新生录取通知书中附上一份职业规划指导计划和暑期实习方案，使其在成为大学生的第一时间就树立职业生涯规划意识，有目的地参加社会实践。学生入学后，大学生职业指导中心为每个学生建立职业生涯规划档案，记录学生接受职业生涯规划教育的成长过程及取得的成绩和收获。职业生涯规划指导教师能够随时查阅学生的职业生涯规划档案，并在上面添加记录。学生毕业后，学校可以追踪记录其职业生涯发展过程，为在校生的职业生涯规划课程提供教学案例。

5. 建立全方位、多渠道的大学生职业信息交流平台

中外合作办学高校应该充分利用自己的办学特色和资源优势，为学生建立全方位、多渠道的职业信息交流平台，如帮助学生了解各种专业学科知识、拓宽视野的院系结构展示平台，帮助学生了解各种职业发展现状的职业交流平台。

通过多学科的交流与沟通，学生能够增加对不同学科的接触和了解，从而明确自己的兴趣爱好与专业方向；中外合作办学院校还应当做好转专业学生的心理辅导工作，帮助学生顺利找到自己喜欢的学科和专业；校外导师的参与，能够帮助学生及早认识行业的发展变化，为学生的专业学习制定切实可行的目标，实现与校外实际工作的良好对接；在校友会的支持方面，通过校友会这一社会网络帮助中外合作办学院校的大学生在社会实践方面和专业工作领域获得更多机会，帮

助在校大学生更好地完成职业生涯规划,帮助大学毕业生按照职业生涯规划的步骤顺利走上职业道路。

6. 实现职业生涯规划的全程化和社会化

职业兴趣的培养和职业生涯规划教育是一个长期的实践过程。学生的就业与此前的学业、此后的职业和事业都是一个整体,需要系统指导,缺乏其中任何一个环节都会影响学生一生的职业发展。所以对于中外合作办学机构来说,从学生入校开始,职业生涯规划教育就要开始进行。从入学之初播下一颗种子,到毕业之时就会开花结果。从大学一年级到大学四年级,每一个年级都要有系统的、针对性的指导,全程都需要有专职教师的适时辅导,保证职业生涯规划指导不脱节,直至学生踏入社会,走上成功的职业道路。学生的成功也将推动校友会工作的顺利开展,为成功校友返校做经验交流铺平道路。

中外合作办学院校的职业生涯规划教育应该与社会各行各业相互渗透。进行职业生涯规划教育是高校首先应担负的责任,因此要有一支专业化、专家化的队伍,高校就要与社会结合,探索开放的人才培养模式。职业生涯规划教育是一项具有深远意义的工作,中外合作办学模式下的职业生涯规划教育更具有挑战意义,不断地拓展教育思路,让国外的先进教育体系与国内本土教育的优势良好融合并不断创新,必然会将中外合作办学院校的职业生涯规划教育推向新的发展高度。

在中外合作办学背景下,高校应正确认识到大学生职业生涯规划教育的重要性,在加强爱国主义教育的基础上,引导他们对自己未来的人生发展做出科学的规划设计,让他们结合内外部因素有针对性地提高个人职业能力,不断完善自身以适应当今社会发展的实际需求。

# 第三节 我国高校国际化人才培养的策略

中外合作办学人才培养模式的构建,应该紧紧围绕教育教学国际化这一主线,充分学习、借鉴和利用国际国内优质的教育资源,通过消化和吸收、移植和内化,逐步形成符合本校发展的具有自身特色的人才培养模式,以达到提高教育教学水平和人才培养质量的目的。

## 一、创新办学理念

理念是实践的指导,不同的理念会指导人们做出不同的行为,没有正确理念的指导，实践是盲目的。国际化人才培养实践需要构建在理性的教育观念之上，通过不断创新高校利益相关者的国际化理念，完善国际化人才培养模式。

### （一）教育管理者国际化教育理念

教育管理者处于规划学校宏观发展和指导具体办学的决策者和引领者的地位，他们的思想和理念对一个学校或者说对一个地方的教育发展起着非常重要的作用。高校要遵循教育国际化办学规律，教育管理者创新国际化管理理念尤为重要。高校的教育管理者要从以下几个方面进行理念创新。在办学理念方面，高校的教育管理者要深刻理解国际化的含义，把国际化人才培养目标和院校人才培养目标有机结合起来，引导社会各界关注高校国际人才培养；要普及国际化人才培养概念给学生、企业及家长；要让高校自身正视国际化人才培养的紧迫性。在教学管理方面，高校的教育管理者须详细了解教育一线活动，要熟悉高校人才具体培养办法，把国际化理念贯彻到教学工作中；要有战略眼光和全局意识，熟悉高校教学活动的重点，能够准确把握高校人才培养的发展趋向，明确高校国际化人才培养实践目标。

### （二）教师国际化育人理念

教育包含三大要素：教育者、受教育者和教育活动。被看作教育者的教师，作为教育活动实施过程中的主导，是整个教育实施环节的灵魂所在。高校对国际化育人理念进行创新，可以促进教师在具体的教育教学过程中具有更加包容开放的思维。因此，学校要意识到在国际化人才培养活动中教师的重要性，也要意识到培养教师国际化教育教学理念的紧迫性。

首先，对承担国际化教学任务的教师，可以通过参与海外院校的学习、访问或专项培训等活动，逐渐培养其国际化的育人理念，让他们主动适应高等教育国际化的趋势。

其次，可以通过间接的校园国际文化交流，同国外的教育学者沟通国际化培养信息，提高教师自身的国际化教学、育人能力。

再次，教师彼此之间可以通过教学日志、教学交流和教学反思等不同的形式，进行国际化人才培养经验与策略的研讨与学习，将国际化人才培养理念贯通到教学中。

最后，教师可以进行行动研究，积极参与到国际化人才培养的实地调查研究中，在实际的教学操作中尝试不同的国际化授课方式，从经验中积累技巧，从实践中深化国际化理论知识，逐步成长为优秀的国际化教育学者。

### (三)学生国际化学习理念

在教育活动的实施过程中,学生是学习的主体,是教学的主体,是教育的重要对象。学生的学习理念直接关系到他们是不是有意识和有能力接受国际化的教育,并通过国际化人才培养模式不断提高自身的国际化素养与就业能力。因此,在学习中,学生要具有创新精神,要找到适合自己的学习方法,要勇于改变固有的学习理念,要摒弃被动接受学习的传统学习模式,要重新按照自身需要和职业规划,进行有目标、有阶段和有意义的学习。学生还要养成主动学习的意识和能力,要培养质疑权威、主动求证、大胆发问和自我解决的学习理念。

对于学生而言,国际化人才培养模式主要是培养学生树立国际化意识;培养学生在尊重本国优秀传统文化的基础上,辩证地学习他国的科学知识和人文理念;培养学生分辨、接受、吸收外来多元文化的能力,使学生在国际教育理念与科学知识的影响下,有意识地培养自学习惯、有意识地提高外语水平、有意识地提高理解国外第一手学习资源的能力。在这样先进的学习理念的指导下,学生将增强自身的就业信心,成为具有国际交流能力、理解能力和合作能力的综合技能型人才。

## 二、开拓交流项目

### (一)增加本科生参与国际交流的机会

实现学生的跨国流动是国际化人才培养的宝贵途径,因为具有国际化经历是国际化人才的首要条件。国际交流就是国际化经历的一种表现形式,它使学生通过国外生活、国外经历,依靠自身能力形成开阔的国际视野并具备应对国际挑战的能力。国外著名大学非常注重交流项目,通过高质量的交流项目、充足的经费支持,每年都有大量本科生获得出国交流的机会。而我国普通高校本科生出国留学、交流的经历远远不如国外,十分不利于国际化人才的培养。

首先,高校应主动加入国际性大学组织,积极地为本科生拓展参与交流的渠道。国际性大学组织是为促进各国成员高校之间相互交流而成立的,如21世纪大学协会、21世纪学术联盟等。这些国际性大学组织会在暑假开展各式各类的活动,组织各成员高校的本科生参与到交流项目中,并以此为契机实现各成员高校的沟通与合作。这些国际性大学组织开办的活动对本科生的国际化培养起到重要的作用,所以我国的高校应主动申请加入各类国际性大学组织,或者自己牵头联合一些一流国外大学创办适合自身发展的国际性大学组织,拓宽本科生参与国际化学习的渠道，通过互相派出留学生、接收交换生、举办科研论坛、开展国际竞赛和素质拓展等活动，提高本科生的国际化水平。

其次，完善学生出国学习奖学金资助制度。我国高校学生的留学活动虽然历史悠久，但是其留学经费的投入方式一直较为单一。留学活动对国家发展的重要性不言而喻，留学活动的经费投入可以说是利于国家发展的一项战略投资。因此，政府在教育经费投入中应该根据实际需要加大对本科生对外交流学习活动的投入，这是对我国高校本科生留学教育的基本保障。目前，我国公派留学的经费投入与西方国家相比差距较大。

然而，留学经费的投入不能单方面只靠国家的投入，同时还要引导社会力量的参与。政府不仅要提高留学活动经费的投入水平，还要不断出台政策引导社会资本注入留学活动中，并鼓励高校与基金会、非政府组织和企业等社会机构进行有效合作，为本科生参与留学活动创造更多条件。这其中国际性交流学习活动专项奖学金的设立可以作为吸收社会资本推动留学活动的有效思路。通过引导各方力量参与留学奖学金的设立，不仅能对有志留学的本科生起到激励作用，还能形成助推留学活动的长效机制，为我国高校本科生国际交流提供物质保障。

### （二）注重对交流生的管理

其一，高校应该对参与国际化交流项目的本科生进行相关培训。首先是语言表达方面，英语教学或者派出地语言的教学工作不可或缺。来自派出地的外教不仅能教授实用的留学地语言，还能开阔准留学生的视野，使这些学生提前了解当地的文化风俗等，减少留学生外出的阻力。

其二，高校要注重了解本科生在国外学习交流期间的实时状态。派出高校应与派入高校建立相应的对接机制，以利于对留学生学习和生活的实时状态进行及时有效的把握。同时还要求外出交流学习的学生自觉定期向母校汇报学习状况，及时反映遇到的问题。派出高校要建立起完善的留学质量保障机制和监督机制，以及时解决留学生遇到的困难，同时也要监督好留学生的学习情况。

其三，高校要对交流回国后的本科生进行学习成果验收。留学生和交换生是留学活动的主体，他们享受高额的培养经费进行国际留学活动，为保证质量，必须针对不同专业学生建立起一套相应的成果验收机制，如设定科研成果量化标准等。对留学成效明显的学生，可给予一定的奖励，并积极组织开展经验成果分享活动；对于留学回国不合格的学生，进行一定的处罚，如退还留学培养经费等。

除了对学生的学习成果验收之外，国内高校还应该通过留学归来的学生了解所派入高校在接纳和培养本校留学生工作上的质量与态度，并以此跟对方交流改进意见，或决定是否更换留学派入高校。

### （三）搭建与留学生交流的平台

随着学生的国际流动性不断增强，目前各大高校都拥有一定规模的留学生。留学生与国内学生年纪相仿、兴趣相近，对学校举办的国际交流活动表现出极大的热情。国内高校可以将这些外来留学生组织起来，与未能出国留学的本校学生一起举办各式各类的交流活动。与本校出国留学的学生相比，留在学校的本科生可以接触到更多不同国家的外来留学生，这样对开阔学生的国际视野更加有利。国内高校一般可通过以下几种方式，促进外来留学生与本校学生的交流。

其一，组织留校本科生（已留学的学生也可以参与）与外来留学生共同参与语言课程的学习。外来留学生到中国来一般都会学习汉语课程，如果将对外来留学生开设的汉语课堂对本校学生也开放，那就能促进这两类学生进行交流，提高外来留学生的汉语水平，同时也提高本校学生的外语水平，一举两得，双方受益。

其二，高校各培养单位应经常举办各种学生活动，为留校本科生与外来留学生的交流和沟通搭建更多平台。开展学生活动能让准备出国留学的本校学生更好地提前适应国外文化，提高其国际化素质。

因此，学生活动的举办应该由浅到深，从为了相互熟悉的破冰游戏开始，再到为了加强文化交流的各式各类活动，校团委、学工办、各学院和校院学生会等相关的各级各部门应该精心设计、循序渐进，提高活动质量。

## 三、开展特色办学

党的十八大以来，我国强调"推动高等教育内涵式发展"，这既是国家对改革开放以来高等教育发展的系统总结，又为我国高等教育未来发展谋划了新路径。"内涵式发展"的核心是提高教育质量，是我国教育发展的突破点。坚持高校特色办学是实现高校教育内涵式发展的前提，对高校教育的可持续性生存发展具有深远影响。

我国高校教育在高等教育战略规划和现代职业教育体系部署下，急需做好统筹高校国际化人才培养和传统学历教育的关系，积极发挥示范性高校在"内涵式"发展道路上的引领作用，主动增强院校在人才培养教育活动中的主导性。高校应主动协调好国际化与本土化、综合化与专业化、统一化与多元化之间的关系。

### （一）本土与国际相结合

世界各国高校教育的兴起和发展都有特定的经济、社会和历史文化背景，不同的国情决定了不同的发展模式。高校在形成适合自身发展的国际化人才模式时，可考虑本土与国际培养模式相结合的方法。高校实施本土与国际相结合的国际化人才培养模式，可从以下几个方面展开。

1. 专业设置方面

专业是经济社会中行业的缩影，是院校培养出的人才适合行业应用的前提。专业设置要与社会经济紧密结合才能实现彼此的良性循环。正确落实高校的国际化人才培养模式要从引入国外优质专业资源开始，从建立与之相匹配的可完全适应我国地方经济发展和行业需求的专业开始；要应用国际观念和信息技术加快完善专业建设，不断调整专业培养目标、教学计划、课程设置和课程内容等，与本土传统专业相适应。还可建议各地政府教育部门联合该地区高校，结合本地经济历史、发展优势和行业特征等实际情况，在高校内增开与地区技术产业、服务产业和新兴产业等关联度高的国际化专业，使高校逐渐发展成为该地区应用技术人才培训基地，始终与社会实际需要保持同步，引领地方基础经济的发展。

2. 课程实施方面

建立校本课程与国际课程相结合的课程制度，将改造旧的校本课程和增设新课程相结合。有计划地引导教师进行校本教材的开发，以校本课程为基础，灵活结合外国教材的知识进行辅助教学，如在传统课程中增加辅助的读本，补充国际化知识内容；实施具有国际化主题的新课程，从学生意识层面培养他们关注国际新技术、了解科技发展新动向的学习习惯；积极引入与本土专业培养目标相适应的国际职业资格证书课程作为辅修课程，增强课程整体的国际职业化特征，培养学生的职业思维。高校在进行本土课程改造和国际化课程实施的过程中，要关注学生的接受能力和适应情况，注意因材施教的教学原则，循序渐进地将国际化课程普及到高校人才培养模式中。

（1）制订中西合璧的教学计划

在公共基础课和文化素质修养课中开设专门的国际教育方面的课程，使学生在国内便能了解他国公民的思维方式、行为习惯等。引进世界前沿学科，缩小与发达国家的差距。

（2）建立科学的课程体系

通识教育课应体现为专业服务的思想；学科基础课应按学科大类构建学科基础课平台；选修课宜精不宜多；专业课要紧贴岗位群的需求；在实践环节的开设上要突出应用型本科的特点。

（3）以完全学分制为中心，完善人才培养制度

学生可以根据自己的实际情况来灵活选择学时和课程，达到真正学有所好，学有所成。

3. 师资建设方面

高校自主培养的国际化教师要具备国际化教师的能力和本土教师的特色。高校要培养国际化、应用型、技术型劳动人才，至少保证授课教师也具有一定的国际素质和能力。

（1）清楚国际化教师的界定

国际化教师要具有全球化眼光，了解本专业知识的国际发展态势，具备实践经验和实际操作能力，熟练掌握国际交流工具，了解本专业国际化人才基本标准；还要具有丰富的教学经验和扎实的专业基础知识，能够驾驭课堂，完成对学生国际化知识的传授和国际化技能的训练。

（2）做好教师培训

采取"外培内引"的方式建设国际化师资队伍。一方面，高校有目的地选派合适的任课教师到国外进行教学考察访问，或参加国际上的学术交流活动，或在国外的高校进修和进行科研合作等，拓宽教师海外学习的知识面，更新他们的知识结构，提升他们的国际化培养意识；也可以对现有在职教师进行强化培养，有组织地把专业任课教师送到国际型企业或组织中接受职业技能的训练，让他们了解和接触工作中的操作设备，增强他们的动手能力和实践能力，培训他们的操作技能。另一方面，优化教师配置，把那些具有丰富的实际工作经验和熟练的操作技术并且从事社会基础行业的一线工作人才引入高校，让他们担任高校实训课程的兼职教师。这样的教师能够带来国际职业教育领域较为前沿的专业信息和丰富多样的教学理念，为高校提高教学水平和建立优质的教师队伍提供借鉴。高校利用"外培内引"的方式，充分调动教师参与国际化培训的积极性，强化教师自身内核竞争力，这对不断完善国际化教师队伍具有极大的推动作用。

4. 国际化合作交流与办学方面

高校要树立范本，发挥榜样作用。我国高校国际化人才模式最活跃的环节在国际化合作交流与办学方面，伴随中外合作交流与办学政策环境以及校园物质条件越来越成熟，我国高校可与国外高等教育领域的优秀院校建立战略联盟，使双方优势互补，通力合作。

同时，按照外资企业标准培养出的人才，直接进入企业服务，减轻了企业在人

员培训方面的压力的同时又缓解了高校的就业压力。而在校校合作中，本土院校通过与海外高校在师资培养和教学计划方面的整合，增强了人才培养的核心实力。海外高校通过接收我国本土学生，增加了他们在人才培养方面的经验，而可观的留学费用也将成为海外院校创收的渠道之一。高校国际化合作交流与办学通过示范性院校的良性运作辐射到地区其他高校，逐步形成地区高校国际化培养优势。

### （二）专业与综合相结合

经济全球化与信息化将世界的距离进行了最大化缩小，各国在教育领域的交流变得充分且密切，高校国际化人才培养的层次与规模都有了前所未有的扩大。当前，高校须紧跟经济社会的发展需求，为社会劳动力市场做好国际化、应用型、技术型人才的供给工作，要坚持国际化制度建设的综合化与机构设置的专业化同步进行的思路。在制度建设上，要将国家级、地区级和学校级针对高校国际化办学专门制定的制度规范同国家在高等教育、职业教育、国际化教育方面的综合规划同步执行。

在机构设置上，一方面，在学校行政机构中开设由具有专业处理国际化教育业务经验的人员组成的办公室，负责学校国际化综合业务，保证高校国际化人才培养的顺利实施。另一方面，要根据院校办学规模和培养需要，在不影响学院整体国际化人才培养模式运行的基础之上，逐步在高校的各个学院里建立专业的、以国际化培养和合作办学为主的二级学院，如国际教育学院、国际合作教育学院等二级学院。从制度建设到机构建设，以综合化制度保障学院各专业化机构妥善进行国际化人才培养的各项任务，提高高校国际化办学的效率与质量。

### （三）多元与统一相结合

在高校的国际化办学中，为实现人才培养效益最大化，需要建立统一的国际化人才培养制度，并在此基础之上，采取多元化的教学管理措施。在院系中设立教学监督管理机构，确保各院系的国际化教学活动有序展开。在学科专业中，建立多元的国际化考核制度，对学生在英语、操作技能和理论知识三个维度定期组织笔试、面试和实践等考试，综合评判学生的国际化能力；对教师在课堂教学、知识储备和实训三个维度制定理论与实践相结合的考核制度。

除此之外，高校还要对多元的合作办学项目进行统一管理，在合作主体的选择上注意多元化。无论是校校合作还是校企合作，借助政府力量，主动与不同类型的国内外企业、不同层次的职业院校联络交流。统一国际化人才培养制度与多元的教学管理措施，保障高校为国际化程度日益显著的劳动力市场所培养的国际化、技能型人才的质量。

## 四、加强课程建设

课程国际化是一项牵涉面很广的系统工程，只有通过各方的努力才能得以良好的实施。完善国际化课程体系是大学生国际化能力培养的有效途径，具体而言，有以下几个建议。

### （一）设置国际化课程

当今世界知识更新的速度极快，如果维持课程内容不变，那么培养出来的国际化人才就会缺乏国际知识储备而无法获得国际化能力，所以必须通过将国际化内容融入课程之中的方式，保证学生接触到专业领域最前沿的知识体系。

课程国际化有多种表现形式，一种是在大学生专业课程中引入国际化元素，并适当去掉过时、陈旧的内容。例如，耶鲁大学法学院在集中关注美国法律体系的大学生课程中大幅增加国际化内容，在程序法课程中增添了30%的专业国际内容。另一种是将国际化元素设置在一定的通识教育课程体系内，并纳入教学计划以拓宽学生的国际化视野。高校在学生选课的规定中，也可要求每位学生至少选修一门与自己专业相关的国际性课程。

### （二）设置多元化的语言课程

外语是通向世界的桥梁，是进行国际交流的重要工具。对于外语的重视和掌握程度是反映高校国际化程度的一项重要指标。美国教育思想家克拉克·克尔在对阻碍国际化的因素进行分析时认为："语言是第一个因素，数学家、科学家是较为有利的群体，因为在语言方面他们的要求较之人文科学家要少得多。"美国教育家欧内斯特·博耶认为："语言是实现联系的重要方式，是人类的共同经验之一。借助语言，人类可以超越种族、地域、文化观念交流信息，相互表达思想。"制定外语人才的教学目标，是开发优质外语教学课程的首要任务。外语课程设置是国际化课程体系建设的一个重要组成部分，普通高校应对外语课程有一个清晰的认识，并将外语教学纳入实施国际化人才培养的重要环节。

首先，把语言课程与专业课程结合起来。高校可以通过把外语课程与专业课程结合起来以提高学生的外语水平。例如，罗得岛大学为本科生设置了一套完整的国际化课程体系，这些课程作为罗得岛大学"国际工程课程"的一部分，可以使学生将德语和工程学结合起来学习，让学生在毕业时同时拿到德语的文学学士学位和工程学的理学学士学位。该课程最突出的特点是：德语课程的学习贯穿学生学习的前期；中期学生则在相应的工程公司和德语科研机构实习；后期才学习高级德语课程和双语工程专业课程。在整个课程中，语言课程与专业课程相结合，为提高学生的国际化水平奠定基础。

其次，开设多个语种的国际化课程。当前我国外语教学课程的设置比较单一，主要是英语，这在一定程度上限制了我国高校课程国际化的程度和水平。英语虽然是极其重要的国际通用语言，但是一些非英语国家和地区也具有非常发达的高等教育水平，要了解和学习这些国家的办学经验与成果，首先就要学习该国语言，具备与之交流的能力。所以高校在针对大学生开设语言教学课程时，应注重内容和形式的多样性。

### （三）鼓励多方参与国际化课程建设

高校课程国际化建设需要将国际化元素整合到课程建设中，教师的参与极其重要。高校教师对课程国际化建设的态度、理念，以及教师对国际化知识、经验、方法的理解和掌握对课程国际化建设有直接影响。我国高校针对国际化课程的探索起步较晚、水平不高，因此，教师应积极主动地加入国际化课程体系的建设中。

首先，积极鼓励和引导教师参与国际化课程编写工作。国际化课程对于拓宽学生的国际视野、提高学生的国际化能力具有重要意义。编写国际化课程就是将教师已经接触到的国际化知识和观念融入课程建设和实施的动态过程。总体而言，高校教师群体拥有丰富的国际化专业理论的知识储备，对课程的编写方式也有一定的了解。因此，高校教师应将国际化理论储备和课程建设方式有机结合，同时还要结合教学工作中的实际，积极参与到国际化课程的建设工作中来。

其次，加强课程编制者与本科教学人员的联系。教学人员是国际化课程的直接实施者，他们比较了解自己专业领域的实际和需求，因此具有对课程内容的制定和修改的发言权。教学人员可根据在实际操作中遇到的问题向课程编写者提出相应的对策，使课程的内容更加符合学生的身心特点和实际需求。高校应鼓励教师充分利用自身优势和特长，为国际化工作提供"第一手资料"，使编写的课程符合国际化人才培养的目标。

## 五、弘扬爱国教育

### （一）弘扬传统文化，增强民族自尊和自信

#### 1. 民族文化是中华民族立足之本

在世界各国都强化本民族传统文化、以民族文化彰显国家软实力的时候，民

族文化已不仅关系到国家的文化安全，更触及全民族的道德底线。只有加大力度学习民族的文化，对我国的优秀传统文化更好地加以了解，才能提高广大师生对中国共产党的可信度、对中华民族的可信度。有很多因素影响一个国家一个民族的生存发展，这诸多因素当中一个重要的因素是文化因素，就是一个国家、一个民族的价值观、思维方式、民族心理和民族精神。

2. 加强民族文化教育的举措

（1）加大力度学习民族文化

我们一定要长期坚持先进文化的前进方向，一定要长期坚持马克思主义，这是中国前进道路的指路灯，是民族文化的引路人。坚定不移地确保马克思主义的地位，这是进行民族文化创新的核心。坚持用民族文化所蕴含的民族精神、民族自尊、民族传统、爱国情操、共同理想、公共信仰、道德观念和审美情趣等文化因素去引导和塑造师生。

（2）大力弘扬民族优秀传统文化

中华民族的优秀传统文化是我们民族强有力的精神支柱，是我们民族拥有旺盛生命力的支柱，也是我们民族拥有创新精神的支柱。在四大古国之中，古印度、古巴比伦和古埃及文化都已中断，唯有中华文化一脉相承。一路走来就是最好的说明。中华民族的传统文化不仅仅是我们民族伟大的精神财富，还是整个世界的精神财富。

## （二）正确处理好爱国主义与国际主义的关系

1. 加强中外合作办学模式下大学生思想政治教育和价值引领

中外合作办学的核心是引进与利用国外先进的办学理念和优质的教育资源，以实现为国家培养符合经济、社会发展需要的国际化、应用型高级专门人才的目标。中外合作办学的根本任务是以中国学生为教育对象来培养德、智、体、美、劳全面发展的中国特色社会主义合格建设者和可靠接班人，这也是德育工作的根本任务。中外合作办学的办学主体由中外双方共同组成，在办学宗旨、课程设置、教学大纲、培养计划、培养理念和课程教材等方面与国外大学接近，中外的文化交流在此模式下变得更加频繁、直接。故加强中外合作办学模式下大学生的思想政治教育和价值引领非常重要。

强化思想政治教育和价值引领的关键就是加强青年学生的马克思主义理论教育，努力培养和造就一大批政治坚定的中国特色社会主义接班人和建设者。面对挑战和现实，我们唯有通过有效的马克思主义理论教育，使青年学生真正从思想上提高自觉抵御各种落后和反动思想文化侵蚀的觉悟。为此，要把理想信念教育放在首位；要培育和践行社会主义核心价值观，把社会主义核心价值观体现到教书育人全过程，引导师生树立正确的世界观、人生观、价值观，加强国家意识、法治意识、社会责任意识教育；要弘扬中华优秀传统文化和革命文化；要办好高校思想政治理论课。这些重大举措都是非常具有针对性、现实性和紧迫性的。在当前形势下，各级宣传部门和高校思想政治教育部门要敢于担当，面对大是大非要敢于亮剑、敢于论战。

（1）大学生群体思想政治教育和价值引领的主要内容

①加强思想引领、明确中外合作办学过程中党组织的政治核心作用。要严格贯彻执行党的路线、方针、政策和国家法律法规，确保社会主义办学方向，强化党组织自身建设，引导党员教职工和学生充分发挥党员先锋模范带头作用，营造向党看齐的校园文化氛围；加强对共青团的领导，做好统一战线工作。

②建立完善的规章制度，推进管理工作的开展，夯实中外合作办学的制度基础。我国的中外合作办学经历多年的发展，国家关于中外合作办学的权威政策文件有两个，第一个是2003年9月颁布实施的《中华人民共和国中外合作办学条例》（以下简称《条例》），第二个是2004年7月施行的《中华人民共和国中外合作办学条例实施办法》（以下简称《实施办法》）。面对新的国际国内形势，尤其是《统筹推进世界一流大学和一流学科建设总体方案》《关于做好新时期教育对外开放工作的若干意见》等相关政策文件的出台以及国家"一带一路"倡议的实施，对中外合作办学提出了新的时代命题，教育主管部门应该广泛开展调研，认真分析中外合作办学新发展、新趋势，完善《条例》等规章制度，将大学生思想政治教育工作和社会主义核心价值观教育纳入政策制度中，为中外合作办学中大学生社会主义核心价值观培养奠定良好的政策制度基础。

③构建思政教育工作常态化机制、培养复合型国际化人才。要高度重视中外合作办学中大学生的思想政治教育工作，构建大学生思想政治教育工作常态化机制。一是坚守第一课堂教学阵地，把握思想政治理论课教育方向；二是学习借鉴国内外先进的理念，加强对学生社团、校园网络等思想文化阵地的建设与管理等，进一步健全思想政治教育体系；三是健全宣传的审查机制，注重运用新媒体搭建党建工作的宣传平台，开展中国特色社会主义和中国梦宣传教育、爱国主义和集体主义教育，用社会主义核心价值观塑造校园文化，抵御各种错误思潮和腐朽思想的侵蚀。

（2）增强大学生思想政治教育和价值引领的重要性

随着中外教育交流的不断增多，西方国家的一些生活方式、文化和价值观念等不断地涌入我国，对我国大学生的价值观念、行为方式等产生了重大的影响。特别是在中外合作办学过程中，大学生社会主义核心价值观教育更要重视。原因如下：第一，在政策制度方面，《条例》第二十一条明确规定：具有法人资格的中外合作办学机构应当设立理事会或者董事会，不具有法人资格的中外合作办学机构应当设立联合管理委员会。理事会、董事会或者联合管理委员会的中方组成人员不得少于1/2。这一点与普通高校党委领导下的校长负责制明显不同。2014年10月，中共中央办公厅印发《关于坚持和完善普通高等学校党委领导下的校长负责制的实施意见》，进一步明确规定党委要领导学校思想政治工作和德育工作，坚持用中国特色社会主义理论体系武装师生头脑，培育和践行社会主义核心价值观，牢牢掌握学校意识形态工作的领导权、管理权和话语权。第二，在办学性质上，作为我国高等教育改革的"试验田"，中外合作办学的核心是引进境外优质教育资源，探索高校教育综合改革，培养高水平、国际化的人才。按照《条例》规定，中外合作办学引进的外方课程和专业核心课程应当占全部课程的1/3以上，外籍教师担负的专业核心课程的门数和教学时数应当占全部课程、全部教学时数的1/3以上。这也就说明，中外合作办学会比普通高校具有更大的开放性和包容性，存在着多种文化并存的现象，这就需要我们坚决培养好学生的中国特色社会主义核心价值观。第三，在学习模式方面，中外合作办学中各高校形式多样，但总体来讲以分阶段学习为主，如2+2、3+1、3+2等形式，学生在学业完成之前要经历国内和国外的双校园学习，毕业后也存在着继续出国深造或在跨国企业、国际组织工作的可能性。所以，重视新的条件下中外合作办学中学生的思想政治教育和价值引领，促使学生树立积极、健康的价值观，就成为摆在高等教育面前的一个尤为重要的问题。

2. 树立国际意识，了解先进文化动态

紧紧跟着时代发展的脚步，能够让我们快速地了解和认识世界。在和平与发展的时代，发展是每个国家都在进行的，而经济全球化是发展的特殊方式。经济全球化并不能够让每一个国家都可以享受到发展带来的好处，还有可能带来负面的影响。发达国家所走的道路是先发展起来然后再治理的道路，这必然带来各种各样的问题，比如发展失衡、环境严重污染等。所以，要紧跟时代潮流，紧紧跟着时代发展的脚步，了解和认识世界。

想要树立国际意识，了解先进文化动态，必须把国际上的一些实时理论搜集起来，并加以研究分析，对正确的、适合我国国情的理论进行借鉴，把那些错误的、偏离客观规律的理论剔除出去。当然，最重要的还是要坚持马克思主义思想，发挥社会主义制度的优越性。

## 六、建设教师队伍

### （一）加强师德建设

把师德建设放在更加突出的位置，严格师德考核，强化师德监督，将教师的师德表现作为教师资格定期注册、职称评审、岗位聘用、评优评先等的首要内容。

### （二）提高校内教师国际化能力

首先，开展国际性的培训与交流，全面提升国内高校教师的国际化教学科研水平。高校教师应该在高校的引导下，由分管学院协调教学任务，利用合理的时间积极参与国际性交流进修活动。高校应该与国外搭建好交流平台，为教师对外交流开辟通道，帮助在教学一线的教师走向国际化。回国后的教师通过指导学生学习国际化知识，将在国外所习得的理论知识和教学方法融入国内的课程教学，使学生能够接触到最新的国际化课程内容，更好地理解和把握当今的学术动态。

其次，为选派赴国外高水平大学从事研究的教师提供资金支持。当前我国已经开展了一些促进高校教师出国学习交流的活动，如高校教师出访进修就是目前国内与国外之间校际学术交流的主要方式之一。高校教师出访进修与学生不同，他们需要在国外利用国外高校资源进行更多的科研活动，因此科研经费的投入不是一笔小数目。在这方面，美国著名的"富布赖特"项目值得参考。"富布赖特"交流计划是美国在全球范围内开展并拥有良好声誉的一项大规模国际合作交流项目，目的在于以教育活动的交流来推动美国和世界其他国家和地区之间的交流。该项目的最大特点就是为参与者提供足够的资金作为支撑，以便让不同学科的教师都能获得国际化的交流机会。

我国高校可贯彻教育部关于《1+2+1项目中方教师赴美进修计划》的文件精神，通过选拔本校优秀教师前往国外知名大学和研究机构深造等途径，提高高校教师的教学能力、科研能力和学术水平。高校内部也应结合自身实际制订研究学者出访计划，并提高对研究学者的经费投入水平。

### （三）引进海外优秀的师资

引进"双师型"教师，即懂教育、通实践的专门人才。除了需要有适当数量的外籍教师外，还要根据专业培养计划合理配备一定的中方教师。

海外知名专家学者是高校的国际化资源，引进海外优质师资是培养国际化人才的有效途径。作为最能吸收国外优秀师资的美国来说,虽然自身的师资力量已经很强大,外来优秀教师已经很多,但是依然不断引进优秀人才留美任教。例如,加利福尼亚大学有来自世界80所高校总计300名左右的国际教师。此外,其他高等教育发达的国家高校在此方面也表现出积极姿态,如师资力量强大的韩国、加拿大等国,都在不断吸收国外优秀教师,其教育化水平也随之不断提高。

鉴于国外大力引进优秀师资,我国也应该采取相应的措施。首先,应结合办学特色与学科优势,通过建立各类研究机构等多种方式积极主动地引进国外高端专家学者。其次,应建立一套积极有效的引进知名专家学者的薪酬机制。虽然我国普通高校受到地区经济发展和国家财力投入不平衡等客观条件的限制,还尚未具备吸引高端专家学者的物质条件,但可以通过争取加大地方财政投入、获取社会资金支持等方式获得财力资源。最后,建立健全一套国际通用的外籍教师引进管理体制。国外优秀师资的引进不仅要"引进来",还得要"留得住",所以建立一套有效的管理体制是留住海外教师的制度保障。

### (四)建立科学的教师激励体系

高校要加强国际化师资队伍建设,就必须建立配套的、科学的激励体系,促进和鼓励教师参与国际化活动。

1. 为教师设立专项出国访问计划

虽然国家留学基金委员会有专门针对高校教师公派出国留学的项目,但出国名额毕竟有限,如果无法争取到名额,那么教师无法出国访问。高校应结合教师群体的年龄特点,以研究方向、学术水平为主要方向,建立起符合教师特征的出国项目。担任访问学者出国交流学习作为提高高校教师学术能力的重要手段,对教师获得国际化发展具有长远意义。高校可针对青年教师设置"青年骨干教师出国计划",在管理学、信息技术等不同研究领域设立不同的教师出国项目。

2. 为教师设立专项留学基金和跟踪评估机制

海外交流教师在学成后按时回到原工作单位进行教学科研工作,高校可针对这部分教师设置专项科研经费和项目启动资金。高校还应对出国教师的研究成果进行评估,保证教师出国进修有收获、有成绩和有效果。此外,教师所在院系可对出国教师进行跟踪评估,综合评价公派留学对教师课程讲授的影响,考察公派留学期间教师的科研情况,以及公派留学期间教师所进行的国际交流、与国外院校合作的后续情况等。

### 3. 对教师的国际化活动提供扶持和奖励

对尝试将国际化要素应用在课程开发、教学设计等方面的高校教师，学校应提供相应的扶持和奖励。例如，美国部分高校为参与国际课程的高校教师提供专门的经费支持，用于高校教师开展相关工作，并规定教师只要能在国际课程开发方面取得一定成果，就可以获得部分资金作为奖励。

另外，高校还应积极鼓励和支持教师参加国际学术活动、提交高水平论文，此举不仅可以扩大学校的影响力，还可以提升教师的学科专业水平，以科研促进教师教学能力的发展，使学生国际化培养工作有序进行。

## 七、引进国外智力

引进国外智力是我国对外开放的重要组成部分，是与时俱进的必然要求。引进国外智力工作近几年来所取得的成果，同我们国家的发展一样，无不体现了与时俱进、创新发展的思想。1997年党的十五大召开后，全国引智系统的广大干部认真贯彻会议精神，以邓小平理论为指南，深入开展调查研究工作，紧紧围绕加强农业基础地位、搞活国有大中型企业、实施科教兴国和可持续发展战略、扶贫攻坚等各项引智工作，在北京、上海、天津、辽宁、黑龙江以及沿海等地区均适时确定了本地区的引智目标任务。面对1998年洪涝灾害过后灾区重建问题，国家外国专家局（以下简称"外专局"）及时聘请6位美国专家到灾区考察，拟定了灾害预防和灾后重建的建议，同时组织参加抗洪救灾的指挥员和水利专家到美国培训和交流，考察防洪救灾体制，吸收借鉴国外灾害预测、抢险指挥和灾后重建的经验，取得了很好的效果。

面对农业、农村的实际需求，1999年4月，外专局在河南郑州召开了全国农业引智成果展示推广洽谈会，404项农业成果参展，来自全国的六千多名与会人员参与洽谈。这次展览洽谈对于推广农业新品种、新技术，促进农业结构调整和农业产业化起到了很好的推动作用。为了满足经济发展的需要，同年12月，外专局与国家经贸委在沈阳联合召开工业引智会，交流经验的同时部署经济结构调整和企业技术改造工作，推进重点企业的引智工作。

当国家做出实施西部大开发政策部署后，外专局适时做出计划，引智为西部开发办12件实事，在派出干部培训、国土综合治理、区域规划、生态环境保护、旱作节水农业、旅游资源开发和种草养畜等方面的引智工作上，取得了积极的成效，实现了我国西部地区的跨越式发展。在国家有关部门进行社会保障制度、城镇规划及住房制度、财税金融体制的改革时，外专局聘请国外高级专家来华访问，有力地促进了改进方案的制定和相关法律法规的建设。

我国加入世界贸易组织后，为了应对"入世"挑战，提高国际竞争力，引智工作又重点配合国家经贸、司法、法院等部门，通过聘请外国专家与国内外培训相结合的方式，围绕国际贸易争端解决机制、知识产权保护、入世对经济和产业的影响、利用外资和对外投资、普及世界贸易组织知识等内容，对数百名来自企业、政府、司法和研究机构的干部进行教育。

根据我国社会主义市场经济发展和经济全球化对人才的新的要求，外专局适时组织了中国国际人才交流大会，面向全国、全社会，提供服务，吸引中外人才交流组织和企事业单位代表参与，并以此为契机，大力推进国际人才市场与国内人才市场接轨。

回顾我国改革开放以来引进国外智力多年所取得的成就，当今世界科技迅猛发展，社会发展日新月异，如果我们关起门来搞建设，那不知要走多少弯路，只有以博大的胸怀学习和吸收世界各国创造的一切人类文明优秀成果，为我所用，才能使我们的事业具有强大的发展活力和动力。

## 八、选择有效培养路径

### （一）路径的理念要符合大多数师生的实际

我国绝大多数学生在校四年期间没有机会出国交流学习，大部分教师也不能熟练使用外语进行课堂教学，且绝大多数教师也都没有出国留学或进修访学的经历。这一现状和困境无疑成为制约高校培养国际化人才的第一大障碍。但令人欣慰的是，大部分师生都认为，并不是必须出国才能把学生培养成为国际化人才，在国内也同样可以培养国际化人才，而且绝大部分教师和学生对目前学校的国际化发展战略和国际化人才培养均持赞同态度，这就为学校探索和实施有效的国际化人才培养路径奠定了坚实的思想基础。因为教师和学生这两个群体永远是学校人才培养成败的决定性因素。探索有效的国际化人才培养路径，其基本理念就是立足国内、一切从学校的实际出发，面向全体学生来培养国际化人才。这一理念非常符合高校大多数师生的实际，理应成为此类高校国际化人才培养的重要路径选择，或许也必将成为目前众多高校国际化发展的必由之路，具有极强的现实可行性。

### （二）路径的要素要符合人才培养的一般规律

人才培养路径既是一个由诸多要素组成的复合体，又是一个诸多环节相互交织的动态组织。要探索的国际化人才培养路径，就包括了人才培养的六个核心要素，即目标、策略、教学、课程、学习和质量保障。从一定意义上讲，这六个要素基本囊括了学校人才培养的各个核心层面，即从制定明确具体的培养目标开始，到采取切实可行的策略路径，再到教师的教学、课程的设置和教学内容以及学生学习这三个环节的有效实施，最终以质量保障为指归。这六个要素构成了一个有效的国际化人才培养闭环系统，完全符合学校人才培养的一般规律，具有一般性、简单性、重复性、结构性、稳定性和可操作性，亦即该路径具有极强的现实可行性。

### （三）路径的目标要符合高校发展的现状与方向

探索国际化人才培养的有效路径，其主要目的就是有效解决高校在推进教育国际化发展和国际化人才培养过程中存在的疑虑与困惑，有效提升高校国际化发展和国际化人才培养的质量和水平。这一目标定位完全取决于目前高校的发展现状和未来发展方向。目前，多数高校都将"为建设特色鲜明的区域性高水平大学而努力奋斗"作为学校发展的动力和前进的方向。要探索的国际化人才培养有效路径，正是基于此类高校的发展现状和未来发展方向而做出的一个明智选择，因此具有较强的现实可行性。

# 第八章 我国中外合作办学的发展策略

随着跨国高等教育事业的不断发展，高等教育之间的国际合作程度日益深化，中外合作办学应运而生。高校也要顺应教育国际化的趋势，积极开展中外合作办学。因此，研究中外合作办学的实效性策略，对提升中外合作办学水平具有重要的现实意义。本章分为中外合作办学的对策、中外合作办学的未来展望两部分。

## 第一节 中外合作办学的对策

### 一、创新中外合作办学理念

#### （一）树立中外合作办学新型人才观念

教育的育人目的早已为人所知、所用。发展教育的目的就是根据不同时代的社会经济、政治发展需要，培养不同类型、不同规格和不同用途的各类人才。经济全球化程度的提高，促使企业积极开拓跨行业、跨地区、跨国别和跨所有制的经营领域，并在拓展新领域的同时，带动产业结构的优化和社会消费结构的升级，使得人才结构也随之发生变化。在行业技术的相互渗透和广泛发展中，高级专门人才以及复合型人才受到企业的青睐。中外合作办学作为我国高等教育的重要组成部分，除了培养社会需要的专门人才和复合型人才之外，还应该利用该教育形式的独特优势，树立新型的人才培养观，即培养面向世界的人才。这类人才的特征包括以下方面：

首先，应该具备高尚的爱国情操。我们的出发点、立足点和回归点应该是祖国的繁荣和民族的振兴。个人能否成功和民族兴衰的关系是密切相关的。很难想象哪一位成功人士一方面置祖国、民族利益于不顾，另一方面有放眼世界、振兴全球的抱负和成就。国家和民族强大才能使个人的成就得以张扬。

其次，应该是某一领域的专门人才。通过利用国外语言以及其他专业的教育资源，可以培养出外语水平高、专业知识扎实的专门人才，包括外语人才、高层次经济决策人才、企业高级管理人才、技术人才、经营人才、国际经济法律人才和其他专门的研究人才和实用人才。

再次，是复合型人才。这类人才既要熟悉我国国情，具有良好的外语水平、丰富的专业知识，还要精通世界贸易组织规则和其他国际经济法律与惯例，积极参与国际事务，善于和他人协调，具有一定的国际交往能力，以保护我国的正当合法权益不受损害。

最后，也是最重要的一点，必须是创新型人才。中外合作办学所引进的教育理念、教育方式以及管理经验，相对于我国目前的教育来说是先进的。在优质的教育资源中培养出来的人才，应该具备高度的自觉性和独立性，具有旺盛的求知欲，善于观察，勤于思考，具有积极开拓的精神和较强的适应能力与创造能力，有较强的创新能力。

### （二）树立中外合作办学国际性、全球性观念

经济全球化对高等教育的国际化提出了更新、更高的要求。我国高等教育的发展离不开国际化的理念、国际化的内容和国际化的教育标准。打破以往较封闭的办学方式的束缚，从观念、制度以及实践上，在短时间内以国际化的视野和标准改革我国现有的教育现状，其困难和阻力也是可想而知的。但是，我们可以以中外高校合作举办各级教育活动为切入点和突破口，树立全方位国际化的教育观念，并争取以点带面，将由此带来的国际化成果推广和延伸到高等教育的其他领域。这种国际性教育理念主要包括以下内容：

#### 1. 树立全球观念

树立全球观念是在中外合作办学中，摒弃封闭式的办学理念，将我国高等教育置身于全球高等教育的总体框架之中，以全球的视角审视我国高等教育的传统，了解我国高等教育在国内外的地位和水平，在全球高等教育的参照系中为我国高等教育准确定位、找出差距、开发优势。亦即将我国的高等教育融入国际化的进程中，增强教育发展的扩张力，以便引进国际先进的教育资源，提高我国的国际竞争力，开辟我国高等教育的海外市场，从而真正做到你中有我、我中有你。只有这样，"教育要面向现代化，面向世界，面向未来"才成为可能。

#### 2. 树立高等教育国际化标准的观念

在教育全球化以及国际化的大潮中，除了要具备融入大潮的勇气之外，还要了解其运作规则。我国要想坚持自己的特色和标准，首先必须保证我们的教育规

则和评判标准总体上与国际通用的惯例和标准相吻合，以避免在国际教育市场上出现被动的局面。

另外，必须正视高等教育的国际标准，包括衡量教育质量的标准、教育制度（学位、培养模式、学分等）的通用性、国际人才标准和各种职业的专业资格标准等。中外合作办学涉及各国学历、学位证书和学分的认可问题，在此意义上重视参考国际标准显得尤为重要。即使我国从保护国内高等教育市场的利益考虑，坚持只认可国民教育体系以及极少数国外高校的高等教育学历、学位和学分，但假如我国的教育质量水平及其评估标准与国外大学有较大距离，那么这种地方保护只能是暂时的，对于加快中外合作办学的发展，促进国内高等教育与国际高等教育体系的融合，实现我国与更多国家开展学历、学位的对等互认等都是无益的。

3. 树立实现实质性合作和融合的理念

在办学过程中，坚持平等互利的原则，避免只是名义上的中外合作。杜绝外方有些高校在中国出售质量低劣的学历文凭的现象发生，切实保证把"合作"落到实处。在教育内容上，注重引进"我无他有，我弱他强"的教育资源，保证所引进项目的国际先进性。

在教育模式和管理方法等方面同样重视融合性和渗透性，将国外先进的教育理念、教育方法、管理模式和教育内容充分融合到中外合作办学之中，并以此为辐射源，对国内高等教育的改革和发展起到借鉴和促进作用。

## 二、合理选择中外合作办学方式

### （一）选择恰当的教育合作方式

在每个具体的中外合作办学项目中，还要根据具体情况决定引进教育资源的方式，包括协议项目、双校园项目、双证书项目和外方证书项目等多种类型。对高校中开展的高等教育学历项目而言，双校园项目和外方证书项目并不可取，前者没有引进教育资源，而后者则完全引进，无法体现双方的合作。高校应将努力的目标定在协议项目和双证书项目上，既引进资源又体现平等合作。

### （二）选择合理的合作办学组织模式

独立设置的中外合作办学机构必须具有法人资格，有独立的校园，有独立的财务和人事权，具备大量的开办经费；非独立设置的中外合作办学机构主要指高校中的二级学院，虽然不具有法人资格，但要有相对独立的教学场地和设施，财务相对独立，建有独立的师资队伍和管理队伍，发展方向和规模都要服从大学的要求，内部管理体制与大学基本相同，但可以带有中外合作办学的特点；中外合作办学项目可以设置在中方教育机构中，需要少量的管理人员，但不需建立独立的教师队伍，可以和教育机构中的其他教育项目共享师资和其他资源，中外合作主要体现在引进课程上。在数量上，现有中外合作办学的形式大部分属于项目合作，部分高校设立了非独立设置的机构，而独立设置的机构非常少。

当高校着手筹备新的中外合作办学时，究竟采用机构还是项目的组织模式，必须根据具体的情况来定。

如果合作双方只是在某一专业上合作，适合建立合作办学项目。依托高校现有的学院或系，设立新专业或改造一个原有的专业，可以共享高校中具体合作院系的现有师资。配备专门的人员作为项目主任或其他职位，对合作办学项目的开展和实施进行管理和协调。外方需要派遣教师参与教学。

如果合作双方在三个或更多的专业上开展合作，可以在三个不同的院系建立三个合作项目，也可以考虑建立一个非独立设置的合作办学机构。建立机构的好处是可以在教学、科研、管理和人才培养等各个高等教育的环节体现出中外合作办学的特性：既不离开大学这个母体，保证办学方向和教育质量；又有相对独立的教学场所和教学计划，保证办学的自主性；还能在高等教育的发展中学习和借鉴外国的教育理念、管理方略。设立中外合作办学机构要参照国家及所在地省级人民政府对举办同级、同类教育机构的设置标准，所选定的办学场所应具有与办学规模、层次和专业相匹配的办学设施和条件。

如果高校决定为中外合作办学机构安排独立的校园，脱离母体大学办学，并且有足够的开办资金，可以考虑建立独立设置的中外合作办学机构。办学场所必须经过教育主管部门的实地考察，教育主管部门要了解包括教学区、图书馆、生活区和活动区在内的涉及安全、消防和卫生等各方面的情况，并按国家有关规定授予各项许可证明。合作双方一方面可以投入一定的办学启动资金，另一方面还可通过中外合作办学者一方与其他社会组织或者个人签订协议，引入办学资金。按照《中华人民共和国中外合作办学条例实施办法》（以下简称《实施办法》）的规定，该社会组织或个人可以作为与其签订协议的中外合作办学者一方的代表，参加拟设立的中外合作办学机构的理事会、董事会或者联合管理委员会，但不得担任理事长、董事长或者主任，不得参与中外合作办学机构的教育教学活动。

### （三）建立合作办学机构或项目的管理机构

在确定了合作对象、合作办学组织模式和合作方式后，合作机构或项目的管理机构及其运作方式成为中外合作办学机构或项目能否顺利引进教育资源、成功运行和培养出高质量人才的关键问题。

按照《中华人民共和国中外合作办学条例》（以下简称《条例》）规定，具有法人资格的中外合作办学机构应当设立理事会或者董事会，不具有法人资格的中外合作办学机构应当设立联合管理委员会。在实际操作过程中，中外合作办学项目一般都设置联合管理委员会，由5名或以上成员组成，其中中方人数大于外方人数，管理委员会的主任一般由中方代表担任。中外合作办学机构一般设置董事会或理事会，是机构的最高决策机构，一方担任董事长，另一方担任副董事长，中方组成人员不少于1/2。按照董事会或理事会总人数为单数的原则，实际上中方至少比外方多出1名成员。

董事会、理事会或者联合管理委员会由中外合作办学者的代表、校长或者主要行政负责人、教职工代表等组成，每年至少召开一次会议，行使以下权利：①改选或者补选理事会、董事会或者联合管理委员会组成人员；②聘任、解聘校长或者主要行政负责人；③修改章程，制定规章制度；④制定发展规划，批准年度工作计划；⑤筹集办学经费，审核预算、决算；⑥决定教职工的编制定额和工资标准；⑦决定中外合作办学机构的分立、合并、终止；⑧章程规定的其他职权。首届董事会、理事会、联合管理委员会的名单须在项目或机构申报时一起上报上级审批机关。

## 三、发挥政府的宏观调控作用

新公共管理理论强调政府的掌舵职能，认为政府应着重于规划与指导，而不应事必躬亲。政府应重新定位自身在中外合作办学中所发挥的功能及作用。政府的主要功能和作用之一是规划与引导中外合作办学发展趋势和方向，使中外合作办学朝着地域分布合理、专业设置科学和引进资源优质的目标有序前进，即政府可以在宏观调控和规划方面发挥主要作用。政府主管部门应该不断更新观念、转变角色定位、转换行政职能，发挥监管作用，做好政策制定和监管等工作。政府要进一步扩大中外合作办学院校的办学自主权，让院校在人才培养、专业设置、课程开发、招生、行政管理和人才聘用等方面拥有更大的自主空间。

①对中外合作办学高职院校与普通高等院校实行分类管理。我国目前的高职院校和普通高等院校在招生制度、办学目标和质量监控等方面都实行分类管理。招生采取分层次招生，高职教育生源分数低于本科以上层次；在办学目标上高职教育以就业为导向，培养符合我国现代化建设的技能型人才；在质量监控方面，

中外合作办学高职院校暂时纳入高职状态数据平台采集与评估体系，目前国家未出台针对高职院校的中外合作办学质量评估政策，而已于2009年实行本科中外合作办学评估。在执行过程中，高职教育和普通高等教育虽都属高等教育，但实际办学理念、办学目标和管理体制都有各自的特点，政府在制定中外合作办学相关政策法规时应充分考虑高等教育的特性，实行分类指导，突出重点，让不同类型学校根据自身定位和发展目标开展中外合作办学，制定针对性的高校中外合作办学政策与法规。

②规划科学，促进高校中外合作办学合理发展。目前，中外合作办学的发展呈现出地域失衡、结构失衡和专业设置不合理的现象。虽然我国高校中外合作办学还处于探索阶段，难免出现走弯路的情况，但在出现问题后，作为公共管理者的政府应积极发挥掌舵者的功能，掌握全局、及时调控、合理规划，及时防治失衡状况继续蔓延。

③发挥引领作用，引导合作双方办出高质量合作院校。国家提倡引进优秀教育资源，但是对于优质教育资源的内涵和标准是什么各个高校有不同的理解。国外优秀资源应包括办学理念、教学理念与方法、管理体制等多方面。

从目前的办学结构来看，高校中外合作办学独立机构较少，绝大多数是合作项目。一个项目只开设个别专业，合作模式是引进外方该专业的教学理念与方法，较少涉及办学理念和管理体制，这对全校办学理念和管理体制的影响是微弱的。因此，引导并不是一个口号，而是要落实到政策与实际管理中。政府着力落实政策，制定优秀资源的内涵与标准，鼓励高校中外合作办学独立机构的设置与发展，引导高校合理规划专业设置。

## 四、加强中外合作办学的教学管理

慎，严谨、谨慎也。作为教学服务工作者，理当如此。严谨的工作态度是每一位教学管理者的基本素养。教学管理者在日常工作中，端正态度，立足实际，以高度的责任感，时刻提醒自己注意态度和方法，把师生的每一件小事当作头等大事去认真对待。"打造卓越高效的教学服务团队"对中外合作办学院校教学管理而言，尚处于刚刚起步的阶段，或者说才刚刚站在起跑线上。教学管理者除了要做好目前一直在做的常态化的教学日常运行、教师基本信息和教学质量监控、学生学籍管理、学生学业评价、学生成绩管理、教学管理制度的贯彻落实外，更应具备严谨的工作态度和高效的工作作风。它们决定着教学管理水平能够不断地稳步提高，保障中外合作办学规范运行。

## （一）严谨

### 1. 严谨的工作作风需要从细节开始培养

教学管理者在完成每项教学的安排、数据的收集、奖罚清单的确定等具体工作时，都要尽可能通过可查询的方式去传达和告知相关人员，避免口头表述造成无据可查，而且会让相关人员感觉管理层工作不严谨。对于教学各项运行数据的收集、统计和各项工作安排，应该有规范的格式、字体要求和反馈时间等说明或模板，这样可以避免一个数据反复出错或者表格不统一使工作事倍功半的问题。

### 2. 严谨的工作作风需要团队协同合作

目前的教学运行结构都是树状架构。教师扮演着重要的执行者角色，成为各项教育教学工作的践行主体；教育教学的目标指向是学生，学生是教育教学的对象。教学管理的本质在于教育资源的整合运用，教学管理工作是否严谨、落实是否到位，直接决定着中外合作办学的运行状况。教学管理部就如同一个人的神经中枢，总控教育教学的运行。教学分工、教学流程、教学环节的设计、落实、监督，教学材料、教学数据、教学资源的准备、整合、运用，需要教学管理部的组织协调。因此教学管理者发挥着全院育人的作用，只有分工协作，才可能真正有效完成相关工作。如果停留在"课表—授课—考试"教学运行浅层上，教学管理者就变成了摆设，也就没有了教学运行的成效。

### 3. 严谨的工作作风需要将纪律放在前面

教学管理工作者必须遵循教学规章制度、教学工作流程和教学行为规范等，只有坚持标准要求，公正公平地对事不对人，才能为师生做好服务工作。教学运行的标准要求不同的师生是同质统一的。为师生服务的教学管理者要将纪律放在前面、之后再讲方法技巧，这样才能体现其严谨的工作作风。

## （二）高效

### 1. 高效是师生发展成长的追求

在有限的时间与精力下，教师高质量完成教学工作，学生得以全面健康成长，是师生发展成长的内在追求。教学管理者，以"利他"为原则，科学安排教学任务，细心做好教学服务，为师生提供一切可以提供的便利。这样育人工作的效率和质量也就会必然提升。

### 2. 高效是中外教育资源融合的保证

高效率、高质量的教育教学工作是中外教育资源有效融合的保证。1/3 的外方教育资源与2/3的中方教育资源有机结合的核心在教学管理部，教学管理者的工作效率与工作质量的重要性是不言自明的，"打造卓越高效的教学服务团队"不应该只是一句口号，要务必践行到工作中。

3. 高效是实现自我价值的境界

教书育人，管理育人，服务育人。教学管理工作是一份神圣的职业。教学管理工作者爱岗敬业、忠于职守、高效完成任务是对师生负责、对组织负责，更是对自己负责。人需要有一股精气神，把渺小的自我置身于育人的大我，忘我工作，这样人生才具有无限的价值。

细节决定成败，态度大于能力。严谨的工作作风要求教学管理者从每一件小事来要求自己，把每件事做到尽善尽美；高效的工作作风要求教学管理者时刻规范自己，更快、更优地做好每项服务。只有将严谨、高效的校园文化深入每一位师生，在每一堂课中得以体现，中外合作办学的风险将才能被规避，育人效率才会大大提升，未来才能更美好。

## 五、拓展中外合作办学联合渠道

高校应高瞻远瞩，开阔眼界，改变观念，重视国际交流与合作，寻求多种渠道、多种模式的合作方式，扩展教育培训功能，并倡导和鼓励基层教学单位积极引进合作项目。

例如，高校可以采取长短期项目相结合的模式，即加强与境外综合性和高职类院校的联系，开办2+2、3+1的专升本项目，满足学生寻求更高层次学历和海外学习经历的需要；加强与境外企业、各类职业培训机构的联系，广泛开展短期培训项目，为教师提供更多跨国、跨文化的学习机会，让教师获取国际化的职业培训经验和经历。一方面，可以在合作办学的过程中，加强双方教师的沟通；另一方面可以利用合作的机会，选派骨干教师出国学习，让教师身临其境地感受外国院校的教育环境，教学理念、方法和手段等；还可以选派教师到外资企业与外国专家一起工作，让教师在生产实践中体验工作中的"文化"，强化其职业技能，提高其教学质量，从而提高整体办学水平，使他们更自信地参与到国际化的职场中；积极引进境外有资质的职业资格证书课程，在立足于培训本校学生提高他们就业砝码的同时，将课程、证书逐渐推向社会，扩大社会认可度，增强学生的就业竞争力，提升高校人才培养档次，更好地承担高校服务社会的功能，创造良好的社会效益和声誉；利用和创造各种机会开展对外宣传，扩大学校的国际影响，有意识地推广自主的特色专业和名牌专业，积极探索境外人士的短期培训和留学生的招收。

此外，高校的国际合作模式不应仅限于与境外高校、培训机构和企业的合作，也应该兼顾与本地跨国公司、涉外企业的合作，为他们培养高技能人才。一方面，跨国公司、涉外企业人才"本土化"趋势要求本地区提供越来越多的国际化人才；另一方面，高等教育的功能和目标决定了高校应该成为本地区经济发展的人才培养基地。国际化人才的培养要求高等教育要把跨文化、跨国界的全球观念和知识技能贯穿教学、科研和服务社会等各项功能中，因此人才培养的过程也必然会带动和促进高等教育的国际化。

## （一）跨国企业职教集团化

我国加入世界贸易组织以后，伴随着国外企业挤占中国市场份额的局面愈演愈烈和国外学校竞相抢占中国教育市场，我国教育与经济在获得发展机遇的同时，也受到来自经济发达国家的严峻挑战。我国高校和企业如何抓住机遇，迎接挑战，加快发展？跨国企业职教集团化办学是使高校与企业在国内做到"双赢"，在国外增强实力的最佳途径之一。

集团化原指将经济领域中分散的实体以集团形式有机地连接起来，形成自身庞大的经济运行机制，并以规模优势实现企业经营中的规模效益。将集团化引进职业教育，就是要吸收其中的合理成分，实现职业教育资源的优化配置，最大限度地提高职业教育的运行质量和办学效益。

20世纪90年代，职业教育开始形成职教集团。2003—2005年，天津市批准组建了天津交通教育集团、天津渤海化工集团有限责任公司教育培训中心等职业教育集团。与此同时，河南省在八类行业中组建了首批职业教育集团；江苏省以江苏无锡立信职教中心校为核心，将跨行业、跨地区的25家企业和10所职业学校组成了江苏立信职业教育集团；云南玉溪市依托优势产业，组建起烟草、工业商贸和旅游服务等领域的职业教育集团；河北省石家庄市教育局批准成立了四个职业教育集团；福建省福州市以省部级以上重点职业中专为依托，联合有关行业、企业和学校，组建八大职业教育集团等。从条块分割到协议组建，从高度集中到相互链接拓展，从一元化投资体制到多元投入等都进行了一系列的实践与探索，开辟了职业教育体制创新的路径。

跨国企业职教集团化办学主要是指办学主体与教学主体之间的合作。这种合作确切地说，就是政府与院校、企业与院校等之间的合作办学。其中企业与院校之间的合作，应当成为跨国企业职教集团化办学的主要途径。企业将为院校指明培养人才的方向，直接为院校提供办学需求、办学经费和学生实训场所及就业场所；高校在合作关系中直接承担为企业培训高层次技术应用人才的重任。跨国企业集团化办学的实现途径，就目前而言最重要的有两条：一是与进入我国的外资企业挂钩，引进它们的资本，培训国内的劳动力，直接为外资企业输送高层次的职业技术人才；二是与我国的跨国企业联办高校。

### （二）跨国企业职教集团化办学的依据

"教育要面向现代化，面向世界，面向未来"是邓小平从实现社会主义现代化的战略高度出发，为我国教育改革与发展提出的根本指导方针。邓小平重新树立的"解放思想，实事求是，一切从实际出发"的思想路线，"发展是硬道理"的观点，"改革是革命，是政治，是试验"的论述，以及"抓住时机，推进改革"的思想和决策为教育现代化提供了科学的理论依据。

《条例》和《中外合作办学暂行规定》的相关内容，为跨国企业集团化办学提供了宽松的政策环境和政策依据。《条例》首先修订了《中外合作办学暂行规定》中"是中国教育事业的补充"的提法，明确指出，"中外合作办学是中国教育事业的组成部分"，对中外合作办学实行"扩大开放，规模办学，依法管理，促进发展"的方针，鼓励引进外国优秀教育资源，鼓励在高等教育、职业教育领域中开展中外合作办学。

《中华人民共和国教育法》第十一条规定，"国家适应社会主义市场经济发展和社会进步的需要，推进教育改革，推动各级各类教育协调发展，衔接融通，完善现代国民教育体系，健全终身教育体系，提高教育现代化水平"，从根本目标上将教育改革和发展纳入教育现代化的发展轨道。

## 六、增强信息公开的透明性和反馈性

### （一）公开年度报告和合格评估信息

目前，很多国家在跨境教育监管方面都建立了信息公开渠道，如英国高等教育质量保障机构会在评估后将评估意见反馈到高校，同时公布在自己的网站上，其中包括评估程序和活动安排以及结果等，以保证社会公众对高等教育质量情况的知情权。目前我国教育行政部门还未公开中外合作办学的年度报告信息和合格评估的信息。监管活动的执行、参与和信息公示范围也仅限于高等教育中外合作办学监管体系内部。随着我国高等教育普及化和多样性的发展，教育与社会的关系日益密切，我国教育行政部门应借鉴英国高等教育质量保证机构的做法，通过教育部涉外监管信息网公开中外合作办学年度办学报告和合格评估信息，使公众增加对中外合作办学监管和评估的理解。

信息公开包括两个方面：一是公开高等教育中外合作办学年度报告的信息。中外合作办学单位于每年3月在教育部网上申报系统对项目情况进行申报，教育行政部门审查材料后可依托教育涉外监管信息网将中外合作办学单位的年度报告信息向公众公开。二是对合格评估结果的信息公开。开展中外合作办学合格评估是教育部加强中外合作办学管理，提高办学质量的主要措施之一。评估结果应该通过教育部中外合作办学监管工作信息平台等途径公开发布，同时专家考察报告也应该面向公众。因为只有将信息及时向社会、学生以及家长公布，才能得到公众对中外合作办学的监督，同时还能消除公众对中外合作办学质量问题的质疑，有利于社会监督评估过程，进一步保证中外合作办学质量评估结果的准确性和可靠性。将年度报告和合格评估所获得的信息及时公开，不但能够确保信息的透明性，也会提高社会对高等教育中外合作办学的信赖程度。信息公开作为一种良性手段让社会参与监督的同时也能让教育消费者在选择中外合作办学时对办学质量进行参考。

## （二）打通信息反馈渠道

从英国经验来看，教育质量的提高离不开高效的反馈机制。英国高等教育质量保障机构进行高等教育质量保证活动的主要目的是保障英国高等教育的质量，并且在外部质量保障措施实施的过程中非常重视反馈机制的效率。英国高等教育质量保障机构评估小组针对高校的学术标准、学生学习条件、公开信息和教育条件这四个方面进行评价，然后向高校反馈评估小组的意见和结果。这样院校就可以根据评估结果并结合自身学校的特点采取改进措施，生成相应的教学目标和行动计划。这些充分地体现了英国高等教育质量保障机构的高等教育评估结果的有效性和高效性，在最大程度上实现了高等教育评估制度的设立目的。

目前，我国教育行政部门和中外合作办学单位在监管过程中是两个独立的个体。政府只负责收集材料和组织专家评议，中外合作办学单位只负责提交材料，二者缺乏信息沟通的渠道。专家组对办学单位的建议，包括分项评价、总体评价和综合意见，没有反馈到中外合作办学单位；由教育部组织和收集的满意度调查和社会声誉度调查结果也未反馈到办学单位。这就导致中外合作办学单位无法从实际情况出发改进教学质量保障措施，高等教育中外合作办学政府监管的有效性降低。对于此种情况，建议教育行政部门打通信息反馈渠道，将专家评议的建议、学生满意度调查和社会声誉度调查的结果及时有效地形成评估报告并反馈到办学单位。这样办学单位才能根据实际情况制订改善计划，从而达到"提质增效、服务大局、增强能力"的目的。

## 七、建立与完善监管体制和质量保障机制

### （一）加强资质认证

加强对中外合作办学外方院校的资质认证，是确保优质教育资源引进和中外合作办学顺利开展的首要环节。从高等教育中外合作办学现状来看，到我国开展合作办学的外方高校主要还是来自澳大利亚、英国和美国等发达国家。而这些国家虽然也对本国跨国高等教育质量非常重视，但总体而言，其跨国高等教育机构的资质仍然较为复杂，办学质量良莠不齐。这就要求我们必须严把入口关，加强对中外合作办学外方院校的资质认证和把关，严格限制外国劣质大学到我国开展合作办学，坚决杜绝"野鸡大学"和"文凭作坊"的混入。

目前，我国主要通过审批制和许可证制对外方院校的办学条件和水平进行审核以确保其质量；同时，我国也正在建立国外高校资质信息查询平台，现在已经公布了33个国家1万多所高校的名单，为我国高校选择境外合作办学伙伴提供了参考。但是，就总体而言，我国对外国高校的资质认证工作还有待加强。教育行政部门在中外合作办学的申请审批中主要是对外方的基本办学条件进行审核，但是并没有严格考察其办学质量和水平。今后，应进一步加强对高等教育中外合作办学外方院校的资质认证工作，充分利用我国在境外的大使馆和留学人员，拓宽外方资质的了解渠道，全面深入地了解和评鉴外方院校的办学实力和水平。

在对中外合作办学外方院校的资质认证中，还应体现"以我为主，为我所用"的原则，要结合我国的实际需要综合评价外方资质。首先，引进的优质高等教育资源必须是国内急需的，能"为我所用"的教育资源；其次，就国外高等教育资源本身而言，"优质"不仅指国外的一流大学、一流学科，主要强调的还是各学校的特色专业与优质课程；最后，引进国外优质高等教育资源还必须与中国高校"门当户对"，在引进时要充分考虑中国合作高校的现实水平和办学特色，使双方资源可以有效匹配、优势互补。

此外，在国外高校资质信息查询平台方面，我国还需进一步完善和加强。目前，我国主要公布的是一些国外高校的名单。但高等教育中外合作办学主要进行的是院校间学科和专业的合作，而且国外高校在不同专业和学科上水平相差也非常大。因此，我国应尽快建立以国外高校学科和专业为基本内容的资质信息查询平台，促进我国在中外合作办学中的资质认证工作。在国外院校学科和专业资质信息的采集方面，国外已有的各种学科排名榜也值得我们利用和借鉴。

## （二）完善质量评估体系

目前，我国对高等教育中外合作办学的质量评估工作仍处于起步阶段，评估体系还很不完善，且现有评估主要是由教育部组织专家组进行的，缺乏稳定性和常规性。社会上虽然也有一些评估中介组织进行中外合作办学评估，但是都缺乏规范性和科学性。今后，应进一步完善和加强高等教育中外合作办学的评估体系。一方面要继续完善政府的评估系统，加大政府对高等教育中外合作办学的监管力度。另一方面，应加快建立和完善社会中介组织的非政府评估体系，进一步落实和加强高等教育中外合作办学的评估工作。

例如，可以成立专门的质量评估中介机构，这种机构应该是独立的和非营利性的，接受政府的委托开展质量认证和评估工作。评估机构可以采取定期和不定期相结合的方式，对办学的各项重要指标，如办学场地和校舍、办学经费与设备的投入、教材的使用、外籍教师的到位情况和资质情况、生师比、培养方案的执行和毕业生就业情况等，进行审计和评估；还可以通过建立相应的社会监督和消费者投诉仲裁机制来加强对办学者的监督。

同时，还应加强我国与其他国家跨国高等教育质量认证机构的合作，并主动参与国际性和地区性跨国高等教育质量保障和评估组织的活动，完善高等教育中外合作办学的质量保障和评估体系。

## （三）建立从业资格证书制度

外籍教师既属于优质教育资源的一部分，也是实现优质教育资源的实质性引进和有效利用的关键因素之一。然而在现阶段，我国的外籍教师管理体制还不完善。虽然《条例》中规定外方合作院校应当派遣一定数量的教师到我方任教，并要求来华教师具备学士以上学位和相应的职业证书，具有两年以上教育、教学经验；国家外国专家局也要求作为专家引进的外籍教师应取得硕士学位并有3年以上的教育工作经历。但是，在实际管理中缺乏可操作性的管理办法和措施，在外籍教师的数量、聘期、培训等方面都没有明确要求，在外籍教师的资质来源和证书审查方面管理得也不够严格，造成高等教育中外合作办学中的外籍教师管理较为混乱，资质参差不齐。

因此，我国应尽快建立外籍教师的资质认证系统和从业资格证书制度，对外籍教师的教学资格和水平进行审查，要求所有外籍教师必须经过认证取得在华从业资格证书之后方可到高等教育中外合作办学机构和项目中从事教学工作。对中外合作办学机构聘请的专家、学者及国外知名教授，经合作办学机构申请，可以免去其认证审批程序。

### (四)大力完善政府监管机制

新公共管理理论强调政府应加强掌舵职能,并提供卓有成效的公共服务。相比较传统的高校,中外合作办学院校具有其特殊性,与各级政府的关系既不同于政府与公办院校的高度监管关系,又异于民办高校与政府及市场的三方关系。我国政府在高校中外合作办学管理中的角色定位,在对高校中外合作办学机构和项目内部运行的管理上,通常是通过行政指令进行管理的。教育主管部门应准确认识自身的职能定位,使监管机制与院校办学自主权相适应,理顺政府与中外合作办学院校之间的关系,做到监管有力,但不过多干涉院校的自主发展。

①简政放权,强化院校办学自主权。中外合作办学发展历史短暂,整体工作机制还处于探索阶段。中外合作办学区别于传统的办学模式是其优势,同时也让合作办学缺少学习对象,难以获得已有经验。在办学初期,合作办学大多采取引入式,秉持引进国外优质教育资源的宗旨,在教学理念、教学资源和组织管理上引进和借鉴;在办学中,培养模式、教学方法、教学管理都是以外方要求为主,中方参与较少。中外合作办学要强化办学自主权,引进外方优质资源,最终为我所用。如果只是一味照搬外方资源,并服从外方管理,不但违背了维护教育主权的原则,同时也不利于在办学过程中对吸收和引进的资源加以辨别和利用。对于外方资源,要取其精华,去其糟粕,最终将优质的教育资源融入我国的教育中,为推进我国高等教育国际化服务。因此,必须在办学中,强化办学自主权,明确办学定位,突出中方办学主导地位,变"引进"为"我用"。

②合理规划,专业布局,推动高校中外合作办学专业品牌发展。《教育部关于进一步加强高等学校中外合作办学质量保障工作的意见》指出:"鼓励在国家急需、薄弱和空白的学科领域,以及先进制造业、现代农业和战略新兴产业等领域,与外国教育机构确具优势的学科专业开展中外合作办学。严控已有相当规模的商科、管理学科、国家控制布点学科的合作办学,严把资源引进入口关,维护我国教育主权。"基于高校中外合作办学的实际,专业设置应以就业为目的,结合地方经济发展需求和特色,考虑该专业的"实用性"和"可行性"。

此外,在开设已具有相当规模的经济管理和计算机学科领域的相关专业时,已开设此类专业的院校应探索路径,打造特色,根据自身特色并结合地方需求培养具有优势的相关人才,打造专业品牌影响力。政府和教育主管部门应合理规划地区高校中外合作办学专业布局,使专业设置符合社会需求,同时在政府层面鼓励和推动高校中外合作办学品牌专业的建设。

③建立行政处罚机制，推进办学信息公开。在高校中外合作办学监管中避免出现一管就紧、一放就乱的局面。必须建立行政处罚常态机制，从制度上保障高校中外合作办学持续有效的监管，对办学乱象必须及时发现并采取处罚措施。社会公众、家长及学生作为教育的受众群体，有权参与高校中外合作办学，监督办学情况，及时发现问题。

### （五）完善学位认证制度和学位证书认证平台的建设

加强中外合作办学颁发学位和证书的管理，既是保障中外合作办学中学生权益的重要举措，也是进一步推动高等教育中外合作办学发展的需要。我国自中外合作办学发展之初就非常重视对中外合作办学机构和项目学位授予权的审批及学位证书的认证工作，并已初步建立了中外合作办学颁发学位的认证和管理体系。但是，这个体系仍然存在漏洞和不完善之处，还需进一步加以完善和改进。

首先，要进一步完善中外合作办学颁发证书的认证与管理体系，加快学位证书认证平台的建设工作，加大对非学历教育中外合作机构授予境外证书的监管力度，及时查处和惩治中外合作办学机构和项目利用非学历教育盲目扩大招生、滥发境外文凭的现象，切实保障我国学生的权益。

其次，在与国外的学位互认上，我国虽已与23个国家签署了相互承认高等教育学历和学位的相关协议，但在这个大框架内，还存在许多技术性问题。由于国家间在学位体制、教学计划和课程设置方面存在较大差异，具体落实协议也需要进一步磋商。而且，就整体而言，我国与国外在学位和学历证书的互认方面开展的合作还较少，我国学位与学历证书的国际认可度仍然较低。今后，我国应进一步加强与其他国家和地区在教育质量认证和学位证书互认方面的合作，与更多国家达成学位和学历证书的互认协议，提高我国学位和学历证书的国际认可度。

### （六）完善学业评价体系，培育创新型人才

现代学业评价不应再局限于英才选拔和成绩分数等，要更多地着眼于改进教学方式和提高教学效果，培育适应时代发展的创新型人才。学业评价的功能主要有：一是诊断，如入学时的摸底考试，单元、期中和期末测验，主要目的是了解学生的知识掌握程度和学习能力。二是反馈，肯定性评价以得到师生认可表扬为主，使学生心理满足而产生成就感，激发其积极性；否定性评价则使师生产生焦虑并把焦虑转化为努力的动因。因此教学反馈有利于师生调整教学态度、内容和方式，更好地完成教学任务。三是定向，学业评价标准一旦成为学生学习活动的

标准，就可以促使学生朝着教师期望的方向努力。四是证明，学业评价是决定学生升留级的依据，用人机构录用的凭证，更是社会评价学校工作成绩的根据。

我们对学业评价的功能认识有待提高。在日常工作中，过分强调评价的总结性功能，重鉴定选拔，轻激励矫正，导致师生只注重结果而忽视过程；学业评价的科学性不强，过于依赖考试等终结性评价，忽视形成性评价，只强调教师评判学生，不重视学生的自评和互评，不利于创新型人才的培养。

1. 课堂评估

教师为确定学生在课堂上的学习情况而持续进行小规模的评估，目的是了解学生的学习情况，激发学生继续学习的兴趣，帮助自己改变教学策略，而不是单纯地评价学生表现。

2. 表现性评定

表现性评定是为测验学生运用先前所获得的知识解决新问题或完成特定任务的一系列尝试，具体来说就是运用真实的或模拟的评价练习来引发学生最初的反应，由高水平评定者按照一定标准进行直接的观察评判，其形式主要包括建构式反应题、书面报告、作文、演说、操作、实验、资料收集和作品展示等。

3. 考试评价

考试评价历来是学业评价的重要形式，关键在于提高试题的效度与信度，效度是指试卷内容与教学目的之间的相关程度，信度是测验结果的一致性与可靠性。要加大能力测试比重而降低学业测试分量。

构建学生、教师评价的多元化学业评价体系，要边总结边探索并借鉴国外先进经验，要对教师有专门的培训指导，要有专门的评价管理机构。这个过程不是一蹴而就的，需要我们不断努力。

## 八、推进政府教育分权，鼓励社会参与

新公共管理理论提倡政府简政放权，适当分权，不必事事亲为。鼓励社会参与高校中外合作办学的管理和监督，有利于促进办学多元化以及管理多样化。社会第三方机构可在政府和院校之间成为独立的观察者、监督者和谏言者。其独立于政府和院校之外，提供的建议更客观。社会第三方机构可在研究、调查和质量评估等方面起到重要作用，其研究独立于政府之外，不受行政制度制约，更能反映社会需求；其调查独立于政府和高校之外，可不受政府和高校影响，调查结果相对较客观，从第三方角度反映政府和高校在中外合作办学中的不足和缺陷；其

质量评估报告可作为政府自评高等教育管理的依据,也可作为政府评估合作办学的有力证据。培育社会第三方机构可打破政府—院校二元机制,形成政府—社会—院校三方平衡制约的机制,可防止一方独断,协同促进中外合作办学的发展。我国政府、社会以及高校已经认识到引入社会第三方机构的重要性。麦可思作为第三方教育数据咨询和评估机构正逐步得到政府、社会和高校的认可。我国高职高专院校人才培养工作水平评估委员会及全国高职高专校长联席会议自 2012 年开始委托麦可思研究院和上海市教育科学研究院协同编制我国高等职业教育质量年度报告。而麦可思每年发布的大学生就业报告被多家媒体报道,为社会所熟知。

作为第三方专业调研机构,麦可思被引入部分高校,为一些高校做调研并出具报告,使这些高校更客观地了解本校毕业生毕业半年后的就业情况,以及就业与能力的变化趋势,为高校的专业设置和教学培养改进提供了重要的数据支撑。比如,江苏省的南京工业职业技术大学和无锡商业职业技术学院就引入麦可思调研成果并形成社会需求与培养质量年度报告,这类报告为学校的专业建设、教学培养以及教科研提供了有力的参考依据。麦可思取得了一定的发展,但其他同类机构在数量以及规模上还未得到充分发展,因为引入社会第三方机构的高校毕竟还是少数,所以还需大力培育和鼓励社会第三方机构,使其在高校中外合作办学中发挥更大的作用。

传统政府一手包办的管理模式缺少效率,新公共管理理论强调政府注重效率并实行分权治理。政府作为中外合作办学管理的掌舵者,不用事事包办,适当分权,让高校和社会参与中外合作办学的发展与管理,不但减轻政府负担,还能充分发挥高校自主性。社会力量参与已成为推动高等教育健康发展的有生力量。从当前形势来看,要引入更多社会力量参与高校中外合作办学,政府和高校要转变角度,认可社会力量,真正将社会力量纳入工作机制,建立政府—社会—院校协作平台。政府应作为带头人,完善政策,建立通道,确保和扩大高校办学自主权,建立通畅的社会参与渠道;同时完善相关政策法规,确保中外合作办学的教育主权、合法性。政府应积极重新定位自身的角色,彻底从划桨者转变为掌舵者。新公共管理理论将公共组织划分为四种类型:一是政策组织,二是规划组织,三是服务提供组织,四是服从型组织。政策组织和规划组织体现了政府的"掌舵"职能,而服务提供组织和服从型组织则体现的是"划桨"职能。政府在实行公共管理时应把这两种职能分开,将掌舵的职能作为政府的中心职能,将"划桨"的职能尽可能转交给社会和高校来完成。要鼓励和吸收社会力量参与高校中外合作办学教育的管理,首先政府和教育行政主管部门要摆脱事必躬亲、面面具管的实际操作者形象，将自身从琐碎的、具体的管理工作中解放出来，将更多的精力放在制定政策法规，从宏观上把控高校中外合作办学的发展方向和进程，为高校中外合作办学的发展提供健康有利的大环境。只有政府和教育行政主管部门真正转变职能，转变过去微观管理的作风，切实实施宏观调控手段，才能为社会力量提供更多参与高校中外合作办学教育的"权力空间"。

## 九、建立健全中外合作办学质量"五位一体"的评估机制

新公共管理理论重视效率和质量，强调明确的质量标准与评估准则。当前，我国高等教育的评估由政府主管部门主导，高校中外合作办学评估办法还未出台。建立和完善中外合作办学质量评估机制，是政府当前的重要职责。学者杜玉波在"高等教育质量保障：国际经验与中国探索"国际学术研讨会上指出，教育部将进一步完善高等教育质量分类体系，健全高等教育质量评价体系，特别是健全"五位一体"的评估机制。"五位一体"的评估机制即自我评估、院校评估、专业认证与评估、国际评估、教学状态常态监测。要推进"五位一体"的评估机制，政府还需要从以下三方面改进和完善：

①将国际管理体系中的质量认证纳入高校中外合作办学质量评估体系，加快高校中外合作办学评估办法出台进程。新公共管理理论倡导在公共管理中采纳先进企业的管理手段与机制，而国际质量标准体系强调控制过程以及落实职责。国际质量标准体系可以借鉴应用到中外合作办学评价体系中。政府应积极推进与国际接轨的高校中外合作办学评价体系的建立，吸收先进的质量管理体系理念，贯彻标准化的质量保障理念，逐步建立适应我国高等教育需要并与国际无缝对接的高校中外合作办学质量监督机制。

②积极推进社会第三方评价机构的发展，形成独立于政府和院校的第三方评价机构。我国政府当前正大力提倡促进社会第三方评价机构的规范成长，但是当前的实情是此类机构数量少、缺乏规范、没有一套完善的准入机制，无法评价其资质。因此我国政府除了要进一步创造条件促使社会第三方机构不断扩大规模外，还需完善政策法规进一步规范社会第三方机构的发展。根据我国国情，我国政府在经历事必躬亲的阶段后，虽然逐步简政放权，提倡大力促进社会第三方机构的成长与壮大，力求在今后的评估中将社会第三方机构的评估报告作为政府监管的依据。但是，在社会第三方评价机构发展成熟之前，还是应以政府质量评估为主，逐步将社会第三方评价机构参与到办学评估中来。

③建立健全质量保障问责机制。办学质量需要政府—院校—社会共同保障，

在促进自我评估和院校评估相结合的同时，政府应出台相关政策，约束院校的自我评估，采取问责机制，评估不合格、自评不自律的院校要实行严厉的问责；对于社会第三方机构的评估过程和结果也应给予审查；对政府主导的评估要严格评估标准和程序，防止腐败滋生。

总之，要保障评估各环节的公正和准确。从我国国情出发，建立多元质量标准体系，将专业认证与评估（社会第三方评估）和国际评估纳入质量评估体系，实行自我评估和院校评估并采取问责机制，建立质量保障常态机制，力求在政府监管与大学自主权之间找到平衡点。

## 第二节 中外合作办学的未来展望

### 一、中外合作办学的未来发展思路

中国高校的中外合作办学发展总体上是健康的，但也存在着一些比较突出的问题，如一些境内外机构未经审批机关审批，违法开展合作办学活动，扰乱了中外合作办学的正常秩序；一些合作办学机构办学思想不端正，在招生、收费和颁发证书等方面违反国家规定；一些合作办学机构单纯追求经济利益，学费昂贵，教学质量低，甚至有欺诈行为；一些地方教育行政部门对中外合作办学管理工作重视不够，缺乏有效的监管措施。因此，今后一段时间内，遵循"以我为主、为我所用"的基本原则，对中外合作办学进行依法监管，促使其进行结构调整，提高工作质量。

#### （一）以我为主，为我所用

2002年7月，时任教育部副部长章新胜在全国教育外事工作会议上明确指出："如何为提高高等教育质量、优化学科专业结构服务，如何为提高学校的国际竞争力服务，如何为促进教育体制更好地适应社会主义市场经济体制服务等，这是教育国际合作与交流面临的重要任务。"如果国外优质教育资源进来，市场被占领了，但对中国的教育没有明显的帮助，那么就没有达到中外合作办学的本来目的。因此，引进优质教育资源，必须遵循"以我为主、为我所用"的基本原则。以我为主，一是保证中方在合作机构和合作项目中的主导权；二是要依法开设传统文化课程。为我所用，一是要引进真正具有比较优势的教育资源；二是从高校的实际出发开展中外合作办学，注重提高教师队伍的素质和对先进的课程体系、教材、教学方式的消化吸收和创造利用。

发展和规范中外合作办学的核心是引进外国优质教育资源。按照《条例》的要求，国家鼓励在高等教育、职业教育领域开展中外合作办学，鼓励中国高等教育机构与外国知名的高等教育机构合作办学；鼓励中外合作办学机构引进国内急需、在国际上具有先进性的课程和教材；结合中国的实际，要特别注意借鉴和学习外国教育机构的办学特色和成功的管理经验，使中国教育机构真正具有比较优势。引进优质教育资源的标准应当是有利于全面推进学生素质教育和培养学生创新能力，有利于提高高等教育、职业教育的质量，提高教育的国际竞争力，有利于培养现代化建设急需的各级各类人才，培养全面发展的、实现中华民族伟大复兴的一代新人。

## （二）依法办学，依法监管

世界贸易组织有三个最基本的原则：非歧视性原则、透明度原则和公平竞争原则。《条例》及其实施细则的颁布，使中国有关中外合作办学的规则和政策更加规范、透明，更具有可操作性，有助于国外高校来华进行合作办学，有利于中外双方合作办学和依法自主办学，有利于中国政府机关依法进行监督管理。

《条例》有以下五个特点：一是更加有利于优质教育资源的引入，提高了可操作性；二是注重互惠互利，保护中外双方的合法权益，既基于中国教育的法律法规，又与世界贸易组织规则和我们的承诺相衔接；三是坚持以我为主，确保中方在合作中的主导权；四是突出了为我所用，提出了明确的政策界限；五是强化了通过引进、学习、消化和创新最终实现我们的赶超目标。《条例》的拟定和出台，是中国适应加入世界贸易组织的新形势，进一步扩大教育对外开放、满足人民丰富多样的需求、推进教育改革与发展的重要措施，标志着中国中外合作办学的法律法规环境正日趋优化。制定《条例》，最重要的原则和出发点是扩大开放，引进优质教育资源，规范管理，维护各方合法权益。它的颁布与实施将对中国教育改革与发展产生深远的影响。它将有利于中国教育在更大范围、更广领域和更高层次上参与教育对外合作，增加人民群众接受优质教育的机会，提高教育对外开放的整体水平，逐步解决现阶段教育面临的主要矛盾；有利于引进外国优质教育资源，规范中外合作办学行为，提高办学质量，维护中外合作办学者双方、中外合作办学机构和受教育者的合法权益；有利于借鉴国外有益的教学和管理经验，引进中国现代化建设急需的学科、专业，推动中国课程、教材和教学改革，促进教育管理体制和运行机制的进一步改革，提高学校的办学水平，从而全面提高中国教育的国际竞争力。

要坚持依法办学、依法管理，严格执行相关法律法规的审批权限和审批程序，严把审批准入关。进一步加强外方合作对象的资质核查，重点弄清外方合作对象在所在国家或地区及其境外的办学情况，特别是其政府教育主管部门或其认可的权威机构对其颁发的学位、文凭的认证情况，防止境外"冒牌"学校或根本不具备办学资质的机构以合作办学的名义，达到骗钱敛财的目的。要加强中外合作办学的质量控制和管理。中外合作办学机构和项目颁发的外国学历、学位证书，应与其所在国家或地区发放的证书相同；中外合作办学机构的招生简章和广告，须经审批机关审查后，方可公布。

### （三）调整结构，提高质量

1. 关于合作伙伴

强调中外合作双方门当户对、长期共存共荣是对外方合作者设置的必要门槛。中方合作者应关注外方合作者的专业授权点，注重其办学能力和声誉，尽可能关注国外著名的高校。这类国外高校一般有严格的管理制度、良好的校风、优秀的教材、好的办学思路以及一流的教师，与该类学校合作办学确实能提高中方的办学水平。限制国外同一所大学在同一地区同时与几家中国教育机构合作，避免同一办学模式低层次重复引进等，从而进一步营造多方引智择优合作的良好氛围。

2. 关于学科范围

鼓励引进中国发展支柱产业急需的专业，如科技类（尤其是高新技术类）、工程类等。目前，从已开办的中外合作办学项目来看，管理类学科占很大比例，反映了中国目前及今后经济发展中一种特殊的社会需求。但对于其他诸多学科，特别是高新技术，如生命科学、新材料等学科还需要大力发展。

3. 关于项目的综合效益

在引进国外先进办学模式和教育理念的同时，应该使其对中方合办单位的办学产生影响，并融入其体制和文化之中，从而改进教学内容和方法，不断推进中国高等教育的发展。要综合利用项目带来的教育资源，加大对中方师资培养的力度，及时改善办学条件，提高教学资源在单位内部的共享率，推动中方高校的学科建设。

## 二、中外合作办学的未来发展趋势

当前，全球教育国际交流与合作面临五大新形势：一是教育机构全球范围的交流与联合成为新趋势。近年来,知名高校跨境合作办学或独立办学日益增多。二是人才跨国流动加速、人才竞争加剧成为新动向。高层次人才的跨国流动已经成为知识经济时代最基本的特征。三是提升教育和教师质量成为各国政府新的关注点。如美国采取多种措施稳定教师队伍,提高教育质量;欧盟推出高等教育改革新战略。四是政府经费投入下降成各国高校面临的新挑战。五是化解青年失业危机成为教育改革发展面临的新要求。党的十八大把教育作为民族振兴和社会进步的基石,对当前的教育改革和发展主题做了明确界定,并指出"全民受教育程度和创新人才培养水平明显提高,进入人才强国和人力资源强国行列,教育现代化基本实现。"《国家中长期教育改革和发展规划纲要(2010—2020年)》对扩大教育对外开放的要求是:"引进优质教育资源。吸引境外知名学校、教育和科研机构以及企业,合作设立教育教学、实训、研究机构或项目。鼓励各级各类学校开展多种形式的国际交流与合作,办好若干所示范性中外合作学校和一批中外合作办学项目。"《国家中长期教育改革和发展规划纲要(2010—2020年)》颁布以来,教育国际交流与合作工作在着力深化综合改革、推进双向留学、支持高水平示范性中外合作办学、促进中外人文交流等方面取得了积极进展,多层次、宽领域的教育国际交流与合作的格局逐步形成。教育国际交流与合作对推动教育改革发展,促进现代化建设的作用进一步显现。2013年,时任教育部部长袁贵仁在全国教育工作会议上,针对教育对外开放工作进一步提出要"突出以开放促改革,切实提高教育开放水平",对深化教育国际交流与合作、增强服务贡献能力提出了新的要求。

  针对国内外教育国际交流与合作的新形势,教育部提出了重点做好的五项工作:一是进一步加强对教育全球化时代我国教育对外开放的全面谋划,探索总结教育对外开放新经验、新模式。二是深化教育国际交流与合作体制机制改革。三是进一步做好出国留学和来华留学,提高出国留学质量,打造留学中国品牌。四是积极支持高水平中外合作办学和高校赴境外办学。五是加强中外人文交流,对港、澳、台地区教育合作,外籍文教专家,国别和区域研究基地建设进行整体谋划。

  总之,我国中外合作办学经历了"慎重开放—促进开放—扩大开放—规范管理—再扩大开放"的发展路径,坚持在改革中开放,在开放中发展,在发展中深化。在国家政策的支持和鼓励下,中外合作办学要加强整体谋划,尊重基层首创,形成健康的发展趋势。

## (一)中外合作办学改革的全面深化

  中外合作办学改革试点表明,各项工作积极稳步推进。例如,浙江省获得"中外合作办学本科项目的试点审批权",在对审批权下放省份试点工作进行总结的基础上,中外合作办学部省联批机制有望更加成熟并得以推广;在条件成熟的高校试行举办本科中外合作办学项目"备案制"的政策措施也在酝酿之中。不少专家建议,借鉴跨国教育的成功经验,结合我国国情,尝试设计审批前的监管程序,如把省级政府的邀请作为申请中外合作办学机构的前置程序;切实把监管的"关口前移",从规范申报开始,建立对申报机构和项目的前期评估和审查机制,对我国拟举办(设置)中外合作办学机构和项目的学校进行严格审查,督促其整合校内各种相关资源,理顺各方关系。有的专家还建议,强化省级政府及其教育行政部门的责任意识,降低责任门槛,引导和督促其对中外合作办学申报工作的组织和指导,推动省级教育行政部门对申报项目主动把关,督促其对本地区中外合作办学机构和项目的申请文件进行认真、严格的审核和把关;着手解决由各省、市审批项目时标准失衡现象,以及存在的其他问题。

随着社会的不断发展和教育领域综合改革的逐步推进,中外合作办学领域的"深水攻坚"时机已经成熟。国家支持改革条件成熟的地区和学校先行先试,充分发挥其引领和带动作用。

### (二)中外合作办学政策将进一步调整

教育部为了优化涉外办学的行政管理体制和工作机制,加强和改进涉外办学管理,2013年初,教育部国际合作与交流司新设涉外办学管理处。涉外办学管理处整合了国际司政策规划处和教育涉外监管处关于涉外办学活动的管理职能,主要负责中外合作办学、"走出去"办学等涉外办学活动的管理。该部门将在对中外合作办学等涉外办学活动的统筹规划、行政审批、指导推进、监督检查和宏观调控等方面发挥重要作用。教育部的这一举措,释放了进一步加强和规范中外合作办学管理、推进中外合作办学向高水平发展的政策信号。

同时,教育部还确定了我国教育发展的国际定位。以定量指标为主,将我国的教育发展与不同类型的国家进行比较,确定了我国教育发展在世界坐标系中的定位及其变化;借鉴国际经验,分析我国教育发展的优势与不足,深化我国教育改革开放和交流合作。

中外合作办学的政策调整方向包括以下几方面:一是办学体制和管理体制,进一步明确地方政府的教育权责,推进向地方、学校放权,扩大省级教育行政部门在教育涉外管理方面的职权。二是全方位提高教育对外开放水平,积极引进一批境外高水平大学来华合作办学;大力支持高校赴境外办学。三是扩大高校办学自主权，尊重基层首创，突出中外合作办学特色。四是坚持办学质量至上，以项目准入和质量控制的方式取代行政审批，实行分类管理，加强高水平、示范性中外合作办学建设，实行淘汰与退出机制。

### （三）"走出去"发展彰显新作为

党的十九大报告提出"建设教育强国是中华民族伟大复兴的基础工程"，而对外开放是实现建设高等教育强国的必经之路。我国高等教育对外开放，需要持续引进国外教育资源，合力开设中外合作办学机构和项目，吸收借鉴国外高等教育的先进教育理念、经验和国外优秀文明成果。

建设高水平中外合作办学是建设高等教育强国的重要组成部分。通过高水平中外合作办学，创新高等教育办学理念、管理制度，保持改革的动力，带动高等教育整体教育质量和水平的提升。

中外合作办学还需要在推动中国教育走向世界中心方面贡献力量。在过去，我们突出强调的是中外合作办学"引进"国外优质教育资源，实现"为我所用"的目的。面向新时代，伴随综合国力的提升和教育国际化深入发展，中外合作办学承担的历史使命更加丰富，应当包括加强对中国传统文化的传播与创新、维护祖国安全等，最终实现推动中国教育走向世界中心。

当今，在构建人类命运共同体的理念下，中国与其他国家共享发展成果，共同面对发展中遇到的问题和挑战，我们更需要强调推广中国经验、提供中国智慧和贡献中国力量。我们需要将中外合作办学发展所积累的办学成功经验，与世界其他国家和地区共享，逐渐在全球教育治理中产生影响，为世界教育事业做出更大的贡献。这就需要充分发挥中外合作办学在人才培养、科学研究、社会服务中的特殊作用，通过教育合作，实现国家之间的民心相通，充分总结办学过程中可复制、可推广的成功经验，输出中国高等教育的经验与特色，让中国教育走出国门，参与全球教育治理和教育国际规则制定，提供中国智慧、中国方案，使中外合作办学的成功经验与世界共享，提高中国文化对世界文明发展的贡献度，在助推中国教育走向世界中心方面勇担重任、砥砺前行。

### （四）高质量中外合作办学机构和项目将持续增多

高等教育中外合作办学既是经济全球化、高等教育国际化的必然结果，也是高等教育大众化过程中提高人才培养质量的必然要求。中外合作办学是我国教育体制改革的有益实践，在推动教育教学改革和办学体制创新、提供多样化教育、增强高校办学活力、拓展高校办学空间等方面发挥着积极作用。

在"办好若干所示范性中外合作学校和一批中外合作项目"的要求下，中外合作办学坚持扩大开放，引进优质教育资源，规范管理，坚持"以我为主，为我所用"。国家大力支持高水平的中外合作办学，使国内外知名高校的办学积极性也在不断提升。高质量中外合作办学作为全面、系统引入境外优质教育资源的主渠道作用不断加强，其办学水平之高，影响力之大，推动了中外合作办学健康、有序的发展。

以上海纽约大学创建为标志，一批高水平、示范性的中外合作办学机构和项目集中涌现。《国家中长期教育改革和发展规划纲要（2010—2020年）》颁布实施以来，先后批准正式或筹备设立了昆山杜克大学、温州肯恩大学、上海纽约大学、香港中文大学（深圳）4所中外合作大学，批准设立浙江大学国际联合学院等6所中外合作二级学院和230多个办学基础较好的中外合作办学项目。高起点的中外合作办学项目逐步增多，为公民不出国接受高水平、国际化的教育提供了更多选择，为各高校推进教育改革发展提供了重要抓手和依托。中外合作办学能够有效提高高校办学水平与办学能力。在政府支持、高校参与、社会认同的情形下，可以预见我国高质量中外合作办学机构和项目将持续增多。

### （五）中外合作办学将为我国现代化建设提供智力支持

在经济全球化的今天，地方经济的发展也要与世界接轨，这必然要求教育国际化，而中外合作办学是教育国际化的重要途径。同时，中外合作办学要实现可持续发展，就必须适应和服务于国家改革和发展的大局，这是中外合作办学必须遵循的基本规律。这就要求中外合作办学必须立足于国家、区域或行业经济发展的需要，为国家和地方经济建设服务，与地方经济发展相适应。随着中外合作办学的发展越来越趋于规范和理性，中外合作办学机构和项目与地方经济建设的关系也越发密切，对促进国家和地方经济发展的意义也越发显著。

因此，中外合作办学应主动适应和服务于国家改革和发展的大局，在大局中作为，在大局中提升。加强与国外知名大学和优势专业合作，重点做好创新型、复合型、国际化人才培养。中外合作办学作为我国教育事业的组成部分，致力于培养中国社会主义建设事业的各类人才，并已为我国培养了大批国际化人才，有力地支持了我国社会主义现代化建设。随着教育扩大对外开放，高质量的中外合作办学机构和项目将持续增多，中外合作办学将为我国现代化建设培养大批人才，提供更有力的智力支持。

# 参考文献

[1] 陈昌贵, 谢练高. 走进国际化：中外教育交流与合作研究 [M]. 广州：广东教育出版社, 2010.

[2] 陈大立. 中外合作办学法律问题研究 [M]. 厦门：厦门大学出版社, 2014.

[3] 谭瑜. 高校中外合作办学项目学生跨文化适应研究 [M]. 北京：中国社会科学出版社, 2014.

[4] 尹玥. 中外合作办学项目效率评价及优化研究 [M]. 北京：知识产权出版社, 2015.

[5] 赵彦志, 孟韬. 中外合作办学质量保障体系研究 [M]. 大连：东北财经大学出版社, 2015.

[6] 刘孙渊. 高等教育中外合作办学的政策考察 [M]. 北京：北京师范大学出版社, 2016.

[7] 曾健坤, 范丽娜, 罗璇. 中外合作办学大学本科课程研究 [M]. 北京：社会科学文献出版社, 2017.

[8] 崔海友. 新时代中外课程融合模式研究 [M]. 广州：华南理工大学出版社, 2018.

[9] 华长慧, 孙珂. 高水平中外合作大学研究——理论建构与实践探索 [M]. 北京：高等教育出版社, 2018.

[10] 赵立江. 高职国际合作办学项目本土化研究与实践 [M]. 广州：暨南大学出版社, 2018.

[11] 顾秀梅, 胡金华. 高职国际化人才培养环境生态重构研究 [M]. 苏州：苏州大学出版社, 2018.

[12] 谭瑜. 中外合作办学学生跨文化能力培训模式研究 [M]. 北京：中国社会科学出版社, 2019.

[13] 石转转, 王慧, 李慧. 新时代独立学院国际化人才培养模式探索与实践——

以重庆工商大学融智学院为例[M].成都：西南财经大学出版社，2020.

[14] 郑涛，熊仲明，刘言正，等.提升中外合作办学机构教学质量的对策研究[J].大学教育，2020（12）：180-182.

[15] 孙志林.高职院校中外合作办学模式创新研究[J].公关世界，2020（21）：64-65.

[16] 龚露露，王红建.中外合作办学存在的法律问题及对策研究[J].哈尔滨师范大学社会科学学报，2020（06）：52-55.

[17] 殷金楠.浅谈高校中外合作办学难点与策略[J].长江丛刊，2020（32）：90.

[18] 李石君，徐永赞，杨优.关于高校中外合作办学意识形态建设的问题研究[J].河北教育（综合版），2020（11）：42-43.

[19] 霍春艳，姜楠，郭传真，等.高等教育普及化下的中外合作办学跨文化适应能力培养[J].高教学刊，2020（32）：165-168.

[20] 于果，李珂.新时代背景下外部环境对中外合作办学的影响研究[J].中原工学院学报，2020（05）：81-85.

[21] 邓莉洁.浅析中外合作办学项目中存在的问题及对策[J].海外英语，2020（20）：227-228.

[22] 唐国跃，李浩.新时代高等教育中外合作办学现状及优化路径[J].河北能源职业技术学院学报，2020（03）：14-16.

[23] 于淼.中外合作办学的质量保障策略研究[J].青年与社会，2020（25）：125-126.